法理学讲演录

余超 著

WUHAN UNIVERSITY PRESS
武汉大学出版社

图书在版编目(CIP)数据

法理学讲演录 / 余超著. -- 武汉：武汉大学出版社，2024.11
(2025.10 重印). -- ISBN 978-7-307-24481-8

Ⅰ. D90-53

中国国家版本馆 CIP 数据核字第 2024NE0412 号

责任编辑：沈继侠　　　责任校对：杨　欢　　　版式设计：马　佳

出版发行：**武汉大学出版社**　　(430072　武昌　珞珈山)

(电子邮箱：cbs22@ whu.edu.cn　网址：www.wdp.com.cn)

印刷：湖北云景数字印刷有限公司

开本：720×1000　1/16　　印张：12　　字数：202 千字　　插页：1

版次：2024 年 11 月第 1 版　　2025 年 10 月第 2 次印刷

ISBN 978-7-307-24481-8　　　定价：68.00 元

序

世间诸事，于冥冥中，皆是万千因缘际会的结果。一如我与本书作者余超博士间的师生缘分，又如他本人同法理学这门课程间的智识缘分。

法理学之于法学专业学生的基础性与重要性，已毋庸赘言。而其相关各家著作，业界坊间亦是汗牛充栋、不一而足。其论说角度与叙事体系也不尽一致，未有定势。作为探求法律现象背后的本质规律之学，法理学同样以其亘古至今的深厚脉络，博大精深的知识体系，回应现实的功能价值，从而为人们提供了多元化、多维度与多面向的研究视角与阐发空间，构成了赓续此间学脉得以生生不息的不竭源泉。在这一点上，其与罗素在《西方哲学史》中所言及的，该书乃是为了揭示哲学是社会生活与政治生活的一个组成部分，而非仅是卓越个人的纯粹孤立思考之独特价值，倒颇具有一定的异曲同工之妙。

而余超博士通过在江汉大学法学院长年从事法理学教学经验积累过程中，则较为敏锐地发现了久存于大学一年级新生中，在学习法理学时的知识储备同现行法理学知识体系彼此之间的某种"结构性张力"，并试图通过自己的凝练与思考，去努力在一定程度上缓解这种张力。我认为，这种尝试，是难能可贵的。本书所呈现出来的样态，无论从主题选择，还是从逻辑结构，抑或从文字表达等各方面，皆有其可圈、可点与可取之处，一方面体现了它整体较高的完成度与较好的创新性；另一方面，反映了作者本人较为丰富的多元知识储备与较为深厚的法学理论功底，是一本可读性较强，较为优秀的法学著作。

尤值一提的是，本书于内容上，在相当篇幅中借鉴与引用了法律文化学研究的基本范式与具体成果，并用专讲来予以呈现，凡此种种，皆为其创新、创见的闪光之处。同时，也在一定程度上表现了作者在其首部出版专著中，力图传承与发扬师门所学、所感与所得的殷殷良苦之用心，吾亦对此深感欣慰。

回溯当年其刚考入武汉大学法学院攻读我的博士研究生之时，年届三十有余，并已兼有多年一线法律工作的经验。因之同其他应届学生相比，多了那么一点成熟与历练的况味。但较可贵的一点的是，他内心中对于法治理想、社会人生等系列问题的凝练与思考，并未因为经年从事法律实务而有所减损些许。恰相反，这些过往历练，成为其日后进德修业路上可资借鉴的有益资源。同时，他对学术研究纯粹而恒久的兴趣与热爱，在当下这个略嫌浮躁的年代，作为一名年轻人而言，亦属难能可贵。

在指导其从事学术研究过程中，我逐渐发现，其一，他是一个知识面较为广泛的人。这大约得益于其早年曾经广泛阅读大量包括但不限于文、史、哲类等在内的各类书籍。这种知识储备，体现于每每师生对谈时，所能给予彼此间思想、智慧碰撞的火花，于今忆起也甚有趣。其二，他是一个对于现实问题较为观切的人。多年法律实务工作的社会阅历，促使其去将所学、所感反映在对这些问题的深刻省思中，并构成了其学术研究中问题意识的主要源头之一。其三，也是最重要的一点，他是一个待人至诚的人。虽其个性偏内向，言辞不多，但读书、做事与做人态度，认真、踏实与端正。相信上述特质，皆会在一定程度上，反馈到这本书的具体内容、相关思考与行文风格上。并同期待，余超博士的后续力作。

是为之序。

陈晓枫

2024 年 10 月于武昌珞珈山

前　言

究竟该怎样上好法理学这门课，是笔者从事法理学课程教学以来一直反复思索的问题。作为法学专业的入门理论基础课，法理学的重要性毋庸置疑。但问题的关键则在于，面对仅有中学阶段知识储备的大一新生，尤其是在部分理科学生此前连基本的文、史、政等基础知识都未系统学习的情形下，要将看似晦涩难懂的法学专业术语、基础理论，以及强调思辨、习惯抽象和学会提炼的思维模式和分析方法等内容，在短短一个学期的 48 个学时内，有效地传授给他们，并为其后续学习部门法学知识，以及将来从事法律专业工作打下相对牢固的基础，并非易事。从教学过程中学生普遍的反馈信息来看，大多皆反映法理学整体较难学，颇有一种望而兴叹，甚至惧怕的感觉。而这种学习过程中的基本观感，同时也会接续反馈到期末考试的卷面表现、成绩评定上来。造成这种情况的原因是多方面的，除了前已述及的知识结构领域的天然缺陷以外，学生在这一阶段因为缺乏相关的部门法知识积累，从而无法为深入思考、了解法理学基本理论提供有效的联想素材、思考资源，是认知过程中的另一重要阻滞性因素。

此外，法理学所固有的哲学底色，比如对于法律现象背后深层次原因的抽象、提炼和概括，即所谓"形而上学"的致思途径之应用，也是同中国传统文化中较为强调感性和现象的直观外推思维方式，多少存有一定的相互融合上的矛盾。换言之，学习法理学对于入门者而言，不仅面临着一种全新知识体系的挑战，同时还需其调整和改变因由自身文化环境所形塑的固有思维方式、思考方法。从心理学上看，大学生多已近成年，学生的个性特点、认知习惯早在青春期前后业已大体形成。因此，这种改变尤其需要时间和耐心，而非一蹴而就。

是故，这就对从事法理学教学的教师提出了综合的挑战。传统的法理学教材编写逻辑，大体上沿袭从法的本体论，到法的历史论，再到法的方法论，直至法的社会论这样一种建基于基本理论铺陈上，从概念、到特征、再到类型等的知识体系大厦建构。而这种建构，在很大程度上是基于教材编写者本人对于法理学知识体系的把握和理解基础上的，从而带有较强的专家主义、精英主义色彩。然而，这种法理学的课程讲授方式、话语体系，又在多大程度上能够契合大一新生的客观现实需求，并能让他们以一种较简易明了、通俗易懂的方式，在一个相对较短的时间内即能把握讲授者意欲传递的核心关键信息，从而真正做到入脑入心，仍是一个值得探讨的技术性问题。对此，笔者结合多次阅读《毛泽东选集》后的启示，即：毛泽东同志在其各类公开发表、发布的文章、讲稿中，一个最大的特点就是通篇使用广大人民群众所喜闻乐见的大白话、大实话，其形式、内容不仅风趣幽默，而且通俗易懂，充分体现了讲授本身在信息传递上的实效性。

基于此，笔者也试图在本书的撰写过程中，希望同采此类表达方法，尽量能将"高深莫测、晦涩难解"的法理学基础理论知识，用类似浅显易懂的表达方式予以重新建构，以期达致更好的课堂教学效果，从而尝试为国内法理学教学在教学模式、教学方法和教学效果探索上，提供另一可供参考和借鉴的教学思路之有益资源。在体例结构设计上，本书以"马工程"教材内容为基本依据，辅之以其他法理学相关教材为参考，以专题讲座为基本单元，结合上课 PPT 和授课录音，围绕法理学的基本知识点，同时考虑到大一新生的基本特点，将其内容共分为十六讲：第一讲，什么是法理学；第二讲，什么是马克思主义法理学；第三讲，法的概念和本质；第四讲，法的特征；第五讲，法的要素；第六讲，法的渊源和效力；第七讲，法律关系；第八讲，法律行为；第九讲，法律责任；第十讲，法的作用和价值；第十一讲，法律实施；第十二讲，法律方法；第十三讲，法律职业；第十四讲，法的起源和发展；第十五讲，法律文化；第十六讲，依法治国。全书由余超执笔完成。

目　　录

第一讲　什么是法理学

提要：要想学好法理学，首先就要搞清楚究竟什么是法理学。从学科划分的角度，亦即厘清这门学科究竟关注和研究的到底是什么内容，是我们学习任何学科、知识体系，都需要把握的基本方向。在这个过程中，通过借鉴、比较不同学科的研究对象，来获得它们彼此之间本质区分的关键性参照，是一种方法论意义上的有效工具和路径依赖。此外，法理学基于其学科的固有特征，在学习过程中将不可避免地涉及从根本法到基本法的种种法律体系之利用资源，这又为大一新生学习这门课平添了些许的障碍。如何克服这些阻滞性因素，一方面，能够尽量运用他们当下能够接受的相对通俗化的法条、案例，来佐证和阐释相对深刻的法理内涵；另一方面，还可帮助他们开启一扇"思维革命"意义上的文化更新之大门，使其逐步学会使用"现象-本质"二元论的方法去分析和解决问题，使得"透过现象、达致本质"的能力日臻进步和完善，建筑将来从事包括但不限于法律实务工作在内的各种职业发展的根基，本讲即为这种尝试的一个开端。

关键词：法理学；学科；现象；本质；结构性困境

一、学习法理学的结构性困境

关于什么是法理学的问题，依据坊间教材的一般通说，是指在法学学科下关于研究法的一般理论、基础理论的一门二级学科。这个概念解读从表面上看，好像没有什么问题，但真细细回味起来，似乎感觉又什么也没有说。这就是大一新生作为初学者，在学习法理学时所面临的常见性问题，即：对于分析问题的工具、方法本身，尚还处于"无知之幕"的状态，又何谈达致对于问题本身相对真理性的认识。为何会出现这种情况，则还是要回到前言里所讲的知识结构的缺陷这一前因上来。以法理学的母概念为例，实则镶嵌其中的还有几个子概念，如"法""理论"等。然而，对于究竟什么是法，什么是理论这些元概念，中学阶段的知识体系，无论是从深入解构方面，还是从方法论的提炼方面，或许都并未做太多的观照和涉及。事实上，对于什么是法的问题，本身就是后面才会具体讲授探讨的内容。而在这里，却成为了一种先验性、前置性的知识而被"倒置"了。而对于什么是理论的问题，即便在中学阶段中有意识、无意识地学习了从自然科学到社会科学的相关基础理论，如万有引力定律、经济运行规律等，但同学们关注更多的可能也只是理论本身的内容，而非关于"理论自身的理论"。因为后者已经涉及同法理学有密切关联的另一门学科类型——哲学的范畴了。

因此，不妨换个角度入手，来采取一种更加灵活、弹性的方式来探索法理学的真谛。众所周知，法律是一种规则体系，对于这一点，即便没有系统学习过法律的普罗大众，根据自己的理性能力、生活经验也有基本的感知。更何况，规则本身就是法律构成的核心要素之一。当然，这个问题在后面还会对此专门展开讨论。但至少现在，完全可以首先从"规则"这个通俗概念出发，来将其作为理解法理学的基础资源、逻辑起点。中国有句古话叫作：没有规矩，不成方圆。换言之，在任何一个人类社会群体当中，如果没有一个统一的、为大家所共同遵守的规则体系约束人的行为，每个人都按照自己的想法各行其是，一个具有正常理智的成年人都可以合理推断，这个群体的秩序，包括群体本身，几乎是没有办法长期维系下去的。这也是规则的外壳和载体，即法律为什么对于人们不可或缺的根本原因之所在。我想初入法理学之门的同学至少在目前这个阶段，是可以理解这个问题的。

二、关于学科划分的一般方法

那么，规则同法理学之间又有什么关系呢？在这里，首先要从通识教育的角度，略微花一点时间来谈一谈究竟何为"学"。其原因在于，这是一个针对法学和法理学进行比较研究，并予以区分的前提。所谓的"学"，一般指的是学科的意思。人类文明从古至今所积累的知识体系，大体上是以"学"来进行基本分类的。从小学到高中的各个教育阶段中所学的所有课程，从知识范畴上来讲都可以将其归纳、概括为某一门具体的学科。对于这一点，大家都是已经知晓的。但在学习过程中，对于是以什么样的方式来作为划分学科的标准，即从学科之外看待学科的视角，也即根据柏拉图的所谓理念论，来抽象、提炼和概括出事物本质的内在规定性的一种形而上学的思维方式去认识学科，恐怕多数人很难注意到。这种思维模式、致思途径，正是在学习法理学过程中要着力去慢慢训练并逐渐习得的一种重要的能力。根据业界通说，人们通常是从研究对象和研究方法两个维度，来据以划分不同的学科类型。所谓研究对象，是指一门学科具体的研究对象（或研究客体）；所谓研究方法，是指研究主体在对研究客体进行研究过程中，所依赖的路径、方式、手段和工具。其中，前者是区分学科的主要标准，后者是区分学科的次要标准。

以中学阶段开设的文科、理科基本分类为例，所谓文科，一般指的是人文社会科学，它是以人本身，尤其是人和人之间的关系为主要研究对象的一系列学科的总称。比如，政治学研究的是在一个政治共同体中公共权力、公共利益该如何分配的问题；历史学研究的是历代政权兴衰更迭、内在规律的问题；社会学研究的是某一个社会群体同其他群体，抑或一个更广大群体之间的相互作用、彼此关联的问题；当然，也包括法学研究的主要是如何通过权利、义务和责任这几个基本连接点，去构建人和人之间的利益分配关系的问题等。所有这些研究对象、研究问题，从一个高度概括的角度来看，皆是以人和人之间所形成的社会关系为基本的研究框架和背景的。① 而反观理工科，主要则是以大自然，即人类所处的现象界为主要的研究对象。比如，物理学研究的是物质世界各构成要素相互之间作用关系的问题，化学研究的是化学元素基于不同排列组合而形成的物质性状及其转化方式的问题，生物学研究的是有机生命、无机生命等生命表现形态及其产生、演化规律的问题等。② 除了这一基本区分标准外，研究方法也是另一划分学科的次要标准。比如，文科常见的研究方法有文本（文献）分析法、调查问卷法

① 一个存有争议的特殊学科是汉语言文学，其研究对象既有中文本身的文法规则、表达技巧，也有文学作品所固有的研究人心、反映人性。但无论如何，已不能用单纯的人本身或人和人的关系来一体概括了。

② 另一个存有争议的特殊学科是数学，从古希腊毕达哥拉斯学派开始，即是将其作为万事万物的抽象本质来看待的。作为一种以纯粹数量、图形关系为主要研究对象的学科，数学更多体现的是一种运用思维工具去推理、归纳和概括现象界数量、比例关系。换言之，它从某种意义上，则更具有形而上的哲学色彩。

等，理科常见的研究方法有数据提取法、数理计算法等。但需指出，随着两种学科融合趋势越来越强，尤其是在当前新文科建设蒸蒸日上、方兴未艾的大环境下，两种基于不同学科类型的研究方法也会存在一定的同一性、同构性问题，它们之间不是彼此独立、绝对对立的。以文科研究为例，就会常常借鉴源自理工科领域的系统分析法、数据搜集法和数理统计法等，去对某一社会现象进行基于定量分析基础之上的定性研究。实际上，在我们目前针对新一版法学专业的人才培养方案修订中，决定加开"人文数学"这门新课，就是基于这样的考虑。同时，这也是顺应了当前在高等教育中培养应用型，尤其是复合型高素质全科人才的大趋势是客观需要的。

三、法学、法理学比较研究

有了这个知识储备作为基础，就可以进一步开始法理学导论部分核心问题的学习了，即：法学是一门什么学科，法理学又是一门什么学科，它们彼此之间的联系是什么，区别又在哪里？这种类型的思考，从研究方法上来看，有一个约定俗成的特定称谓，叫作比较研究法。所谓比较研究法，就是将两个不同的研究对象、研究客体通过相互之间的同、异对比，使人们进一步地达致对其各自内在规定性、固有本质性的更清晰的认识。这里对于法学、法理学的概念对比，是在学习法学过程中所接触到的第一个正式意义上的比较研究。

什么是法学，也即法学的研究对象究竟是什么的问题，不同的法学流派有着不同的看法。这里主要借鉴张文显教授在其主编的《法理学》教材中的观点，即：法学是以法为研究对象的各种科学活动及其认识成果的总称。其主要包括两个方面内容，一个是纵向上的历时性研究，考察法产生、发展、演变的基本规律。一个是横向上的共时性研究，考察不同法律制度的性质、特点及相互关系，以及法律制度同其他社会现象之间的联系、区别和彼此作用等。① 关于什么是法理学，张书认为主要是对法的规律性、终极性、普遍性的探究和认知，② 通过这种探索，使人们努力去追求一种在某种普世价值指引下的，通过尊重、服从某一规则

---

① 张文显主编：《法理学》(第五版)，高等教育出版社2018年版，第5页。
② 张文显主编：《法理学》(第五版)，高等教育出版社2018年版，第37页。

（法律）制度，最终获得一种良善幸福的生活方式。这一点是两者之间的基本区别。下面对此进行进一步的展开和说明。

如前所述，通俗意义上，法律指的是规则；规则的集合，构成制度。对于绝大多数法律研习者、从业者来说，主要关注的就是制度本身。尤其是同学们将来毕业以后所从事的法律实务工作，更是如此。实践中所用到的不同部门法，其实质就是不同制度规范的类型依据所调整不同的社会关系来进行的分类。即便是大学老师从事的专门法学研究工作，主要研究对象也大多是各种法律制度本身。换言之，从认知角度来看，规则、制度构成了作为认识主体、从业主体在法律领域认识活动中的主要认识对象、认知客体。法学之所以能够成为一门科学，即在于这些规则、制度当中具有某些客观规律性的东西，值得人们去探索、去挖掘、去比较、去借鉴。而在这些规律谱系中，有一类规律则更加具有普遍性、根本性特点。这一规律，如仅从作为法律现象的规则、制度本身入手，可能还难以深入、深刻地把握，需要运用理性思维，尤其是哲学思维去抽象、提炼、概括和表达。这个更基础、更本质的法之规律，或曰之"规律之上的规律"，便是法理学的研究范畴。换言之，这个深层规律作为"一只看不见的手"，尽管不是时时出场，但却在无形中对规则、制度的表层内容起到了决定性支配、控制作用。即：在古希腊哲学发展过程中便存在的"不在场的决定在场"，这一思辨定律，在法学领域的一种体现和反映。

四、两个示例

下面我用两个例子来具体说明法理学的研究对象、研究方法。首先举一个宪法学例子。《中华人民共和国宪法典》开篇的宪法序言背后反映了一个什么样的深层次宪法学问题（规律）？宪法序言全文是一个关于在 1949 年前后，中国共产党如何带领广大人民推翻"三座大山"，建立新中国的历史叙事。这个历史叙事，作为一种历史常识，很多同学在中学阶段，甚至在更早的小学阶段便已了解和熟悉。但是，这个叙事又不仅仅属于一个历史学范畴的现象，作为宪法文本中开宗明义列明的内容，此处显然带有明显的宪法现象的基本底色。所以，接下来需要进一步思考的是，如何在一个特定的宪法现象背后，找到隐藏其中的本质问题。即：到底是什么因素决定了这一宪法现象，或者说，该宪法现象背后，反映出了怎样的深层次问题。而正是这些深层次问题，是需要我们运用理性思维，借鉴各个学科的知识去综合把握的。

让我们还是回到宪法序言本身，这个序言大体可以概括为两个方面的内容。第一，新中国是什么样的。第二，新中国是怎么来的。关于前者，宪法序言明确表述，中华人民共和国国家权力属于全体人民，此所谓"人民共和国"的题中应有之义；关于后者，可能比前者更加重要一些，即：中华人民共和国的成立，是中国人民在中国共产党的领导下，经历了无数风雨曲折，付出了大量流血牺牲，才将中国人民从自近代以来经历的各种民族、阶级的屈辱、压迫中"解放"出来。换言之，宪法序言就是通俗意义上的"没有共产党就没有新中国"的根本法之表达。那么，宪法为什么要在一开始作这样的表达？或者说，该如何理解这一表达的重要性？这就要回到新时代习近平总书记关于社会主义本质的最新论断上来了，即"社会主义的本质是拥护中国共产党的领导"，而"东西南北中，党领导一切"则是这种领导内涵的具体表现。但问题的关键不是处于表象层面的党的领导，问题核心在于中国人民为什么要拥护党的领导之深刻动因。这在政治学领域，就是一个关于政权合法性来源的根本问题。任何政治共同体的建构和维持，都需要回应在这个共同体中，公民为什么要服从共同体中的公共权力这个终极性问题。也因此，从古到今的各类政权在其建立、巩固过程中，都生成、创造了各类不同的合法性证成方式及理论。比如我们熟知的中国古代的君权神授理论，西方中世纪的教权神授理论、近代的主权在民理论等。因此，宪法序言在很大程度上，便是为了回答这个问题提供一种根本法层面的解释——中国人民之所以要拥护中国共产党的领导核心原因是什么，即：党执政兴国的合法性，首先孕育在它所完成的历史使命、任务所奠定的基础之上。而国家权力属于人民，则是这个基础发展的必然之结果。换言之，这也变相体现了德国宪法学家施米特所建构的人民意志决断论，即中国共产党的领导地位，实际上是中国人民意志在这个革命过程中通过集合表达并自行选择的结果。由此，新中国政权的合法性便在历史逻辑、现实逻辑和法理逻辑三者之中，完成了闭环，实现了统一。

此外，还可以补充举一个民法学的例子，来说明法理学的思维方法对于理解法律现象的重要性。《中华人民共和国民法典》第一千一百零二条规定，无配偶者收养异性子女的，收养人和被收养人的年龄应当相差四十周岁以上。《民法典》为什么要作出这样的规定，其原因，想必任何一个具有正常思维能力、一定生活经验的成年人，都能够合理推断出来，就是为了防范单身收养人在收养过程中针对异性被收养人所可能实施的不轨行为、不法行为，以及所引发的伦理道德性、人身伤害性等系列风险。即不出场的人性恶的理论预设，支配了出场的文本表达。

实际上，现实生活中类似例子不独见于法律领域。比如，中国社会中与人交往时，有一个不成文的习惯，或曰之一个成熟老练，甚至世故的方法，就是不要过于陷入"喜欢讲道理"的窠臼。其原因就在于，中国文化独特的"面子观念"作为一种文化指令或曰之"深层次结构"，始终在自觉不自觉地支配着表层结构上人的行为模式。它的作用机理是，当人们就某一问题进行争论的时候，争论观点的对错是一回事，争论的方式方法又是另一回事。当一个人就一个单纯的对错问题看起来似乎是"就事论事"地表达自己观点，希望说服对方时，反而会起到沟通上的反效果，即引发所谓"说的越对，反而越错"的问题。其原因，主要则是由于在沟通过程中没有很好顾及对方的面子，伤了对方自尊，触发了其心理学上的"过度防卫"机制。而这个面子观念本身，就是中国式人际沟通背后的本质规律所在。自古以来，中国人在公共生活领域便是不太鼓励过分争论的，即所谓"不争即为一种智慧"之说。反过来，对于当面的争论，乃至表达行为，似乎也在这种不鼓励中，逐渐演化成为了一种文化禁忌。正所谓，"好察非明，能察能不察谓明；必胜非勇，能胜能不胜之谓勇"①是也。由此可见，在某种意义上，法理学思维方法同哲学上的"透过现象，窥其本质"的思维方法，很大程度上是具有同质性、同构性的。

五、两个代表性人物

在本讲最后，还要提一提对于法理学这门学科得以在中国生根落地的两个关键性人物。一个是日本法学家穗积陈重，一个是近代中国著名知识分子梁启超。穗积陈重大家可能是初次听说，但他在今天人们所使用的"法理学"概念的历史由来中，扮演了关键性角色。要知道，从词源来看，今天所使用的"法理学"概念的正式历史源头，是英文表述的"Philosophy of Law"，即"法哲学"的意思。换

---

① （明）洪应明著：《菜根谭》，杨春俏译注，中华书局 2016 年版，第 37 页。

言之，这门课，既是一门法学课，也是一门哲学课。正是因为它的哲学底色，一般普罗大众看着多少会有一种曲高和寡、望而生畏的感觉。日本在近代作为中国西学东渐的"中转站"，穗积陈重先生在把"Philosophy of Law"从西方引介进来时，便考虑到了这个因素，即怎样才能使得至少其本国法学理论界、实务界能够更好地接纳、接受这个概念。所以，才使用了"法理学"的翻译方法。这便是，今日所用"法理学"的词源由来。

　　至于梁启超先生，想必很多人比较熟悉了。作为一名从晚清到民国时期最著名的"口岸派"知识分子群体中的代表性人物，他不仅在那个蒙昧时代作为引入西学的先锋，成为"开眼看世界"人群中的优秀分子代表，同时还身体力行地推动了戊戌变法，客观上加速了清朝专制统治灭亡的步伐。从法理学这门课的角度，梁启超先生作为一位学贯中西的学术大家，虽然其不是一位真正意义上的法学家，但他对法理学在中国的普及，却起到了非常重要的推动作用。这项普及成果，集中体现于其撰写的《中国法理学发达史论》这篇传世名作中。在该文中，梁启超先生较系统地在世界法系划分、中华法系起源、法字的语源、法的观念学说、法治和人治的区别等问题上进行了阐述和论证，其中有相当部分内容是同我们当今法理学中的核心内容具有一定的一致性、呼应性的。鉴于时间原因，在这里就不展开讲了。

第二讲 什么是马克思主义法理学

提要：马克思主义法理学是目前整个中国法理学知识体系的中心，其重要意义主要体现在，马克思主义基本原理为我们看待、分析和解决问题提供了一种基本的理论框架和分析范式。这种框架和范式，不仅可以用来分析和解决法律问题，在更广泛的意义上，它也是人们理解大千世界、宇宙万物各种现象最基础和重要的理论工具。尤其是对于我们理解与法律密切相关的人类社会发展过程中的其他现象，如政治、经济、文化、宗教、社会等，都大有裨益。但是，马克思主义基本原理及其法理学内涵又不是一成不变的教条，它是随着历史、时代的发展变化而总是在持续不断扬弃的否定之否定过程中，绽放着其更加顽强和灿烂的生命力。实践中，马克思主义法理学中国化在不同历史时期的丰硕成果，便是此间发展进化的系列明证。要之，学习马克思主义法理学切不可采取教条主义、照本宣科的方式进行，而是要在牢牢把握其精髓要义的基础上活学活用，唯有如此，方得学习马克思主义法理学的真义。

关键词：马克思主义法理学；联系；发展；全面；中国化

一、马克思主义法理学的创立

在对什么是法理学，有了一个大致了解以后，在本讲中我们将继续在前讲的基础上学习马克思主义法理学。这一部分主要包含三个方面的内容，第一，马克思主义法理学的创立。第二，列宁对马克思主义法理学的贡献，第三，马克思主义法理学中国化的主要成果。下面首先讲一下马克思主义法理学的创立问题。

关于马克思本人的基本情况及其历史地位，在此就不用作过多介绍了。相信大多数中国人对他已经比较熟悉了，下面就直接切入正题，即对于马克思主义法理学的概念理解问题。这也是接下来在法理学学习，包括整个法学专业学习过程中，一种常见的认识过程、逻辑顺序，即首先从概念出发，以概念为基础建构整个知识体系的大厦。换言之，"概念中心主义"的学习模式，对于法学专业学习尤其重要。① 这一点，在后面讲法律概念时会再跟大家详细展开。现在还是先回到"马克思主义法理学"概念本身，这里有几点需要提请大家注意：

第一，对于概念来源的理解。众所周知，马克思本人是一位研究涉猎极其广泛的博学家，其主要研究对象包括但不限于政治学、经济学、历史学、哲学等。尤其是其哲学造诣、功底，更是具有学界显赫之地位。正因为此，业界有所谓西方哲学界两位马克思之说（另一位是德国政治哲学家马克思·韦伯）。既然马克思本人不是一位真正意义上的法学家，那么在此又为什么将其部分思想界定为马克思主义法理学呢？这就涉及学科之间关系的另一个问题，即主要反映在前述法学同政治学之间所具有的天然亲缘性关系了。大家在中学阶段都已初步接触过马克思主义哲学中的一个重要观点：法律和政治都是上层建筑的重要组成部分，而它们又都是由特定社会在特定发展阶段的经济基础所决定的。前面讲过，政治要解决的根本问题是在一个政治共同体中，如何运用公共权力来进行公共利益的分配的问题。而法律，正是将这种分配的过程及其结果，用权利、义务和责任的方式予以制度化、技术化的一种保障手段。前者是因，后者为果，两者是共同统一于上层建筑的建构及其功能发挥中的。正因为此，鉴于马克思在其著作中大量会谈到的政治问题，如《评普鲁士最近的书报检查令》《关于新闻出版自由和公布省等级会议辩论情况的辩论》《集权和自由》等。在这些政治议题的探讨中，都会涉及相关法律问题，或者用法律问题去解决政治问题则是不可避免的。也基于此，我们才把《共产党宣言》这样一部政治性著作的诞生，作为马克思主义法理学创立、形成的标志。②

第二，概念的基本内涵。这个问题其实同大家在中学阶段，包括大学阶段所学的马克思主义哲学原理，具有密切的关系。换言之，马克思主义哲学原理既具有哲学性内涵，也具有法学的色彩。因为，两者之间的基本观点、方法论都是相

---

① 但须指出，"概念法学"倾向，即在学习法律过程中仅仅局限于概念、关注概念，而忽略概念背后的实质性内涵，则是应当予以避免的。参见杨仁寿著：《法学方法论》，中国政法大学出版社2013年版，第3页。

② 在这一点上，马克思和同作为博学家的梁启超倒是具有一定的异曲同工之处。

通的。它们既可以用来分析一般问题，也可以用来分析法学问题。在这里，我着重想讲，或者想帮助大家复习一下马克思主义法学、法理学（含哲学）中的三个基本观点：一是经济决定论，二是相互联系论，三是不断发展论。

首先来看一下经济决定论，关于这个理论的表述，想必大家都已比较熟悉，即经济基础决定上层建筑，生产力决定生产关系。实际上，对于这个论断，法国著名思想家孟德斯鸠在其著作《论法的精神》中，也有过类似的表达。只不过孟氏是用的地理环境决定论的话语范式，并用其来对经济基础作出更深层次的归因，进而将其引申为上层建筑的先验前因。所以，在这里我们可以把这两种理论一起来打通理解。例如，中国古代社会为什么会形成以"亲亲、尊尊"儒家意识形态为中心的家国建构方式、社会等级结构和家长统治模式？从地理环境上来解释，是因为中国所处的东亚大陆具有地理环境上的封闭性、地貌特征上的平原性、四季变化上的分明性、自然灾害的频繁性、游牧民族的威胁性等特点，从而导致了历代政权皆形成了以农为本、重视经验、尊老本位、自我封闭的基本特征。① 这些基本特征，在"家国拟制、扩族为国"②的政权建立方式中，则不可避免地导致上层建筑、政治法律领域的人治主义、专制主义和等级主义倾向。同时，既然农业生产成为共同体生存、延续的主要物质资料生产方式，那么中国古代法律的民刑不分、民法羸弱自然也是理所当然、水到渠成的了。这和西方近现代海洋文明主要建立于以商品交换、商品经济为基础的生产方式、生活方式，并以此为基础形成相对平等、分权的政治法律传统，则是大异其趣的。归根结底，还是由彼此各自所处的不同地理生存环境、资源获取方式所决定的。

其次，相互联系论。亦即万事万物都是彼此联系、相互作用的。从自然界来看，中学阶段所学过的万有引力定律，即是这一理论的物理学确证——任何物体之间都存在有相互作用力的，这种作用力的大小，同它们彼此之间的质量成正比，同它们相互之间的距离成反比。③ 推而广之，在人类社会，该理论的主要表现，也是可以从我们的日常经验中观察到的。例如，心理学上的情绪感染效应，就是其中的一个典型例子——当一个人情绪乐观、积极向上时，身边的人也会受

① 范忠信著：《中国法律传统的基本精神》，山东人民出版社2001年版，第35~36页。
② 陈晓枫、柳正权著：《中国法制史》（上册），武汉大学出版社2012年版，第3页。
③ 据悉，量子力学理论的发展已对传统物理学定律提出了一定的挑战，但目前仍是一种理论假设，未获得广泛、充分的经验确证。所以，暂采传统之说。

其鼓舞、群而效仿；反之，当他总是悲观消极，或者愤怒失态时，身边的人同样也会受到这种"负能量"的侵扰和影响。我们常说，人总是会受到环境的影响，也是讲的这个道理。正因为此，中国古代才有所谓"孟母三迁"的故事。实质上，也是变相地体现了事物之间相互联系、彼此影响的客观规律。

最后，不断发展论。可以从中国古代的成语"刻舟求剑"中找到映照。在这个大家耳熟能详的故事中，宝剑看起来似乎是从小舟的某一个特定方位落入水中，但船本身是不断向前行进的。因此，如果仅仅依据舟本身的方位，想去从水中打捞起剑，自然是不可能的。因为此舟，已非彼舟，其相对于水的位移，使得再依循过去的参照已不可能。同样的道理，我们认识万事万物，也要秉承这样一个基本观点，要以发展的眼光看问题，而不能故步自封。正所谓，万事万物都处在不断变化的过程中，唯一不变的，是变化本身。这种世界观、方法论，既是一种技术技巧，更是一种人生智慧。这种人生智慧，不但可以帮助我们避免总是以某种刻板印象去看待他人，从而建立较为和谐的人际关系。同时，还可以帮助我们更加客观、立体、全面地认识自己。尤其是当我们处在人生暂时低谷时，要相信一切困难都是暂时的，通过自己的不懈努力，这些困难终究都是会过去的。

二、列宁对马克思主义法理学的贡献

如果说马克思是一位理论家，那么列宁就是一位实干家。同时，从法学专业角度而言，列宁可谓是一位真正意义上接受过系统法学科班教育的法律人。在青年时期，列宁即进入俄国喀山帝国大学学习法律专业，虽然后因参加反抗沙皇政府的学生运动而被除名，并被捕流放。但在结束流放生活以后，仍然积极投身于彼得堡大学的法学课程学习，以优异成绩毕业。此后，他成为一名律师，承办过许多刑事、民事案件。这个经历，为其以后参加政治活动、从事政治斗争和创建革命理论奠定了重要的基础。在此过程中，他对于马克思主义法学、法理学的重大理论贡献，则主要包括针对沙皇俄国落后法律制度的批判，以及对民主革命法制的基本构想两个方面，并集中体现于列宁所提出的关于国家和法的系列理论上。

第一，关于国家和法的本质问题。以马克思阶级分析法为基础，即法是统治阶级针对被统治阶级借以实行阶级统治的手段和工具。为达此目的，统治阶级才将自身披上一层"国家"的外衣。换言之,统治阶级在颁布法律厉行阶级统治之时,必须将其冠以"国家"的名义,① 否则,则不能实现法律本身的合法性、权威性,进而影响到法的功能性、实效性。因此,本质上看,国家本身只是统治阶级意志的一种变相体现、实质表达。在这一点上,无论马克思,抑或列宁,都是从根本上反对西方资产阶级法学家所持基于"超阶级人性论"基础上建构社会契约性国家的国家起源论的,该理论将国家完全视为共同体中人们彼此互相之间,通过让渡私有权利而形成的一种公共权力的契约化表达。换言之,国家根本就不是建立于平等协商的约定基础之上,而只是一种静态阶级力量对比、动态阶级斗争结果的反映。正是在这种国家观的指引下,列宁所领导的布尔什维克党在二月革命,以及后续的十月革命中依次推翻了沙皇专制统治和资产阶级政权,建立了人类历史上第一个无产阶级专政国家。

第二,关于社会主义法制的建立、运行问题。在无产阶级政权、国家建立以后,列宁又创造性地提出了关于社会主义的立法、守法、执法、司法和法律监督等一系列的崭新理论,极大地丰富了马克思主义法学理论宝库。② 当然,需要指出的是,任何法学理论的提出及其实践,皆有其特定的时代背景。对于每个学习者而言,重要的不是死记硬背其中的概念、规则和原则,而是通过对于基本原理的把握,来达致对于相关学说理论体系的深层次理解,并进而将其运用到当下的法学知识理论学习和实践过程中去。③ 这一点,是在学习不同阶段马克思主义法学知识体系过程中,尤其需要注意的地方。

三、当代马克思主义法理学中国化的主要成果

(一)中国共产党第一代领导集体

"十月革命一声炮响,给我们送来了马克思列宁主义。"④因此,马克思主义法理学遂得以开始在中华大地落地生根、苗壮成长。在此过程中,马克思主义法

---

① 关于这个问题,后面在讲法的本质专题时,还会详细展开。
② 付子堂主编:《法理学初阶》,法律出版社 2015 年版,第 30 页。
③ 付子堂主编:《法理学初阶》,法律出版社 2015 年版,第 30 页。
④ 《毛泽东选集》(第四卷),人民出版社 1991 年版,第 1471 页。

理学中国化的主要成果是与从旧民主主义革命时期到新民主主义革命时期，再到中华人民共和国成立前后，直至改革开放以后，中国共产党历代领导人的原创性贡献、集体性智慧是密切相关的。其中，最具代表性的当属其主要创立者之一、党的第一代领导集体中的代表人物毛泽东同志。

　　根据付子堂教授的考证，甚至早在辛亥革命爆发前的 1910 年，毛泽东就曾阅读过梁启超发表于《新民丛报》上的文章《新民说》，并在该文"论国家思想"处，做出了如下批注："正式而成立者，立宪之国家，宪法为人民所制定，君主为人民所拥戴；不以正式成立者，专制之国家，法令为君主所制定，君主非人民所心悦诚服者。前者，如现今之英、日诸国；后者，如中国数千年来盗窃得国之列朝也。"①1912 年，在辛亥革命爆发以后，毛泽东另撰文《商鞅徙木立信论》，进一步探讨了民和法的关系。② 在旧民主主义革命时期，毛泽东又分别在《中国社会各阶级的分析》中谈到了人民民主专政政权的依托主体、斗争对象问题，③ 在《湖南农民运动考察报告》中谈到了在农村打倒土豪劣绅、建立农民政权问题，④ 在《井冈山的斗争》中谈到了县、区、乡各级工农民政权的组织问题等。⑤ 在新民主主义革命时期，毛泽东继续在《新民主主义论》中谈到了建立新中国的目标、路径问题，⑥ 在《新民主主义的宪政》中谈到了民主宪政的内涵、组织和实施，以及宪法的制定和颁布问题，⑦ 在《论人民民主专政》中谈到了人民民主专政的基础力量、领导阶级和革命胜利的"三大法宝"等问题。⑧ 此外，关于《土地法》的实施、废除国民党"六法全书"等内容，毛泽东在其公开发表的各类文告中，也是迭有涉及。要之，其法律思想是同中共革命历程中的斗争策略、施政纲领、基本政策和政治蓝图等内容互为表里、密不可分的。

　　此外，在中国共产党的第一代领导集体中，还有一位重要的法学思想、法理学思想贡献者——董必武同志，其历史地位也是不能忽视的。他在党的早期领导

① 《毛泽东早期文稿》，湖南人民出版社 1990 年版，第 5 页。
② 付子堂主编：《法理学初阶》，法律出版社 2015 年版，第 30~31 页。
③ 《毛泽东选集》(第一卷)，人民出版社 1991 年版，第 9 页。
④ 《毛泽东选集》(第一卷)，人民出版社 1991 年版，第 14 页。
⑤ 《毛泽东选集》(第一卷)，人民出版社 1991 年版，第 71 页。
⑥ 《毛泽东选集》(第二卷)，人民出版社 1991 年版，第 663 页。
⑦ 《毛泽东选集》(第二卷)，人民出版社 1991 年版，第 731~739 页。
⑧ 《毛泽东选集》(第四卷)，人民出版社 1991 年版，第 1478~1480 页。

人当中，是为数不多的曾经如列宁一般接受过科班法学专业教育，并从事过专门的法律实务工作者之一。其在青年时代曾两次东渡日本，考入东京私立大学攻读法律。1917 年毕业返回祖国后，又在武昌和人合办过律师事务所。① 这段法学专业教育、法律专业工作的经历，使得董必武不仅是中共党内的法律专家之一，而且还在 1945 年抗战胜利以后，以中共党籍身份作为中国政府代表团成员之一，为联合国的成立以及中国获得常任理事国的席位作出了自己的贡献。

中华人民共和国成立后，党和国家的主要领导人又依次在旧司法人员改造、加强人民代表会议、建立中国特色死刑制度、和平共处五项原则等领域方面，提出了新的论断。这些论断所蕴含的法学思想、法理学思想集中体现在毛泽东、周恩来、刘少奇、董必武等的相关著作、讲话中。② 因为篇幅关系，在此兹不赘述。

（二）改革开放前后

经过十年"文革"法律虚无主义的滥觞，党和国家法治事业受到了影响和破坏，一度陷入停滞。1978 年党的十一届三中全会前后，在党中央第二代领导集体核心、改革开放总设计师邓小平同志等人的推动下，社会主义法治事业得到了复兴，马克思主义法理学中国化也由此产出了新的成果，这主要体现在：

其一，大体方向上，社会主义法制事业要同社会主义发展初级阶段的基本国情相适应。其二，政治原则上，将党的领导、人民当家作主、依法治国三者有机结合、相互统一。其三，基本方针上，坚决落实"有法可依，有法必依，执法必严，违法必究"的十六字方针，建立健全、不断完善社会主义法治体系、法律实施体系和法律责任追究体系。其四，具体制度上，推动党和国家领导制度的改革，打击经济犯罪，完善市场机制，落实"一国两制"等。

在此基础上，1989 年中共十三届四中全会以后，以江泽民同志为核心的党的第三代领导集体，又进一步提出了"依法治国，建设社会主义法治国家"的伟大构想、治国方略，将马克思主义法理学中国化继续向前推进。2002 年党的十六大以后，以胡锦涛同志为核心的党的第四代领导集体，确立了科学发展观统领

① 付子堂主编：《法理学初阶》，法律出版社 2015 年版，第 31 页。

② 付子堂主编：《法理学初阶》，法律出版社 2015 年版，第 31 页。

下，建设社会主义和谐社会的目标，再次强调牢固树立社会主义法治理念的基础性，并特别强调以人为本的重要性。正因为此，2004 年全国人大通过宪法修正案，正式将"国家尊重和保障人权"载入宪法，这也是中国特色社会主义法治事业进程中具有重大意义的标志性法治事件。

党的十八大以来，中国特色社会主义事业在以习近平同志为核心的党中央第五代领导集体领导下，步入了新时代。在新的历史时期，社会主义法治事业主要的特征是在继续坚持和巩固中国共产党核心领导地位的前提下，推进全面依法治国，更加注重发挥法治在国家治理体系、治理能力建设中的重要作用。关于这个问题，在本书最后一讲《依法治国》中，将会对《习近平法治思想概论》中的部分内容进行介绍，在此就暂不详细展开了。

第三讲　法的概念和本质

提要：本质问题是人们在认识过程中要解决的根本性问题。换言之，认识对象的本质是其自身赖以存在，并区别于其他认识对象在质的方面的一种内在规定性。在现象界中，几乎任何现存之物皆有其本质内涵，法也不例外。因此，对于法本质的理解和认识，不仅是法的本体论学习的逻辑起点，也是贯穿整个法理学学习的中心内容。在这一点上，马克思主义法理学对于法的本质的认识，从某种意义上是对上一讲马克思主义法理学的一种延续。但是，本讲又并不仅仅局限于从马克思主义基本原理角度来看待法。更重要的是，透过中西不同角度看待法之本质的结果现象，还需进一步分析潜藏其中的深层次原因究竟为何，即作为一种认知工具、思维方式的文化学决定问题——通常表现为中国式的一元论、表象论同西方式的二元论、本质论之间的区别。这种差异导致中西两种异质文化形成了对于法之本质的不同观念认知。而马克思主义法理学对于法的本质的认识，在一定程度上仍然还是沿袭西式二元论的理论范式，最终将法这一"现象"，落脚到"阶级"背后的"经济"这一根本决定要素当中。

关键词：法的本质；文化；思维方法；二元论；阶级

一、法理学知识体系概述

从本讲开始，法理学课程就开始正式进入法的本体论的学习阶段了。综括而言，法理学知识体系大体可分为五个方面的内容：法律本体论、法律历史论、法律方法论、法律价值论和法律社会论。其中，法律本体论是关于究竟什么是法、法的构成要素为何、法的功能、法的效力、法律行为、法律关系、法律责任等一系列同法自身存在及其特性有关的系列命题之总称。"本体"一词取法于哲学上的"存在"概念，换言之，法律本体论是关乎研究：法是一种怎样的存在以及以一种怎样的方式存在的问题；法律历史论，是指研究对法的起源、产生、发展等做一纵向时间维度考察的问题；法律方法论，是指主要研究在分析、解决法律理论、实务问题过程中，所使用的工具、步骤，所遵循的路径、程序等问题；法律价值论是指研究法至于个体、群体具有何种效用、功能的问题；法律社会论，是研究法作为社会整体结构之一，同其他包括但不限于政治、经济、文化、观念等社会其他组成结构相互彼此之间的作用关系问题等。

就法学专业大一学生学习法学、法理学角度而言，考虑到同学们的知识结构、人生阅历，则应主要把学习的重点放在法律本体论、法律历史论这两个方面。对于后者，主要对中华法系以及近代以来中国法律制度的变迁做一全景式的梳理、描绘；对于前者，就是大家在学习法理学时应主要掌握的，关于法、法律的基本知识点。如果没有这些前置性的知识作为基础，便想一蹴而就地去关注、研究法律价值论、法律社会论这些更抽象、形而上，且需要相当的法律实务经验、相对丰富的人生阅历才能较深刻去领会的问题，便无疑于是无源之水、无本之木，流于表面浅显理解是不可避免的。

二、作为一种文化现象的"法"：基于中西文化的比较视野

古罗马皇帝马可·奥勒留在其传世名作《沉思录》里曾经说过，生活的本质就是我们的观念。而从心理学上，任何观念的产生，其在动因上又是人们在认知活动中，在对认知对象进行主观思维作用、自主思考加工后的结果。基于此，观念总是带有较强的主观性、差异性特点。概念作为一种观念范畴的产物，也是如此。其深层次原因在于，人们对某一概念的认识，往往必须是借助文字来表达的。在此意义上，不同的文字语言、符号系统便在一定程度上形塑了特定文字使用者在认知过程中的思维方式乃至致思途径等问题，进而影响了观念孕育、形成之结果。因此，我们对于法之本质的理解和认识，首先则应当从不同的字词语言符号系统出发。

从中文古语的"灋"来看，其主要由三个不同部分所组成。而每一局部，都在一定程度上代表了中华先民在认识法现象过程中，所蕴含的对于这个问题的理解和思考。这主要体现在，左边"氵"指代水，又因为水面所固有的物理形态，

所以本身即具有平直的直观意蕴。同时，鉴于在古代中国"宗法拟制，扩族为国"的国家建构路径、集体生活方式中，一个犯罪个体被驱逐出原有宗族，无论从个人名誉计，还是从生存压力计，都在某种程度上是一种仅次于死刑的较重法律责任承担方式。而被驱出走的方向，又多沿水远行。在这一点上，"氵"同右边的"去"便形成了法律责任承担方式上的一种遥相呼应之势，其功能皆指向被驱逐的方向、路径问题。而所有一切之前提，即法律责任的有无，是同中间的"廌"密切相关的。在具体裁判中，上古传说中最早的司法官"皋陶"，先将"廌"这一"神兽"牵引至"犯罪嫌疑人、被告人"前。"廌"头部有一触角，是整个司法过程的功能关键。即如若其用角触人，则此人有罪；反之，则无。

作为一种神权裁判的具体方法，中国古代传说中的这种借助某一超自然力量作为判定犯罪嫌疑人、被告人罪罚问题的依据，在人类文明蒙昧时代的世界其他文明形态中，皆可窥见其不同幽影。如在《汉谟拉比法典》时代，人们或者使用绑石沉河、光脚过火等方式，来判定是否有罪。① 在根本上，它们都是生产力发展水平不高、认知能力较有限的阶段性客观产物。问题的关键，不在神权裁判的现象、形式问题，而在于中华文字这种通过一种具象化的语言符号来"艺术化"地建构语言学中"能指—所指"的关系、实质问题。即始源于甲骨文这一象形文字的语言工具，在"能指谱系"中选择"具体所指"时，所采用的是一种形象化、直观化、感性化的类艺术化表达方法，遂得以将所指对象的关键信息较清晰、全面地反映在语言文字本身上。这种认识世界的独特思维方法，在一定程度上奠定了中国哲学的认识论基础，并进而演绎、进化出同西方文明②极不同的看待世界、分析问题的技术方式。中西两种文明对于法的不同理解，只是这种文化差异在此领域的体现和反映。

所以，当我们循此理路反观西方国家对于法的本质之认识，个中区别便是显而易见、一目了然的了。西语中对于法的表达，无论是英语的 Law，拉丁语的 Jus，法语的 Droit，德语的 Recht 等，它们都有一个共性的特点，即单纯从词本身来看，很难直观地想象出、推导出法究竟是什么的问题。换言之，法的内涵是

---

① 如在绑石沉河中，被绑人如能浮起则证明其无罪，沉入淹死则证明其有罪；在光脚过火中，赤足人如未被火灼伤则证明其无罪，否则即证明其有罪。

② 这里所说的西方文明，依据亨廷顿的"文明冲突论"，主要是指以欧美国家为代表的、主要信奉基督教的文明圈类型之国家、地区。

存在于单词之外的，需要用抽象思维这样一种哲学上的形而上思维去予以把握。实际上，以英语为代表的西方语言皆有类似特征，即从字母到单词，再到短语，直至句子的结构中，其表象只是体现为基本构成元素单位——字母的排列组合、千变万化。但其背后实质，起支配作用的是其文法、语法规则。换言之，这实际上反映了自古希腊时代起，便存在于西方文明认识论领域的一种根本认知方法路径——由不在场的决定在场的。①

此外，西方法律文化中对于程序正义、法庭仪式的重视，也可部分地从其语言中找到溯源的答案。还是以英语为例，即便是一个最简单的问候语，也具有一个相对完整的语法逻辑结构。② 反观中文，很多时候则无。③ 正是这种思维方法，深刻地影响了西方文明对于法的本质的看法，即对于逻辑、形式、外观的极端重视性。这种重视，多少也会比附到对于一个完整诉讼程序的结构化、仪式化、系统化和完备化的逻辑结构上来。凡此种种，皆在源头上，便奠定了中西两种异质法律文化，在看待法之系列问题上的基本分野。

这一西方文化中所固有的逻辑性、抽象性和思辨性之底色，直接支配了西方文明对于法的看法，即将"不在场支配在场"的二元论同体同构到"法支配法律"的二元论上。换言之，在西方人看来，法和法律是两个不同存在范畴的概念。法是指普遍的、永恒的道德公理和正义原则（即自然法），④ 法律是指人为的、制定的现实生活中的法律制度（即实在法）。在两者关系上，前者是后者的前提和基础，后者是前者的体现和反映。或者说，据以判定实在法在多大程度上具有所谓的正义性，即所谓法理学中的"善法、恶法"问题，则取决于其在多大程度上符合自然法的精神和原则。事实上，这一从古典到当代的自然法思想，几乎贯穿了整个西方法律思想发展、法律制度构建的大体脉络，是大家从法理学角度理解它们的基石。

---

① 一如古希腊神话中的诸神，皆无法逃脱背后那个叫作"命运"的法则，从而各自走向其悲剧的归宿。参见赵林著：《基督教和西方文化》，商务印书馆2013年版，第16~17页。

② 如"How do you do, how are you"之类。

③ 如最常见的"吃了吗"，即省略了主语。

④ 至于这一自然法的内涵、外延究竟是什么，则大体经历了从古希腊泛神论到古罗马斯多葛主义，再到中世纪基督教，直至近现代文艺复兴、宗教改革和资产阶级革命前后彼此之间的相互融合。但其文化底色，仍然是基督教的。

三、西方资产阶级法学家对于法之本质的理解

当然，关于这个法之背后的东西究竟是什么。不同时期、不同流派的法学家们有着各自不同的看法。例如，自然法学派、哲理法学派从法的本体性起点出发，认为法是意志自由的产物;① 分析法学派从法的主体性来源出发，认为法是主权者的命令；实证法学派从法的对象性功能出发，认为法是调整社会关系的规则体系；现实主义法学派从法的物质性载体出发，认为法是法院判决中所规定的东西；行为主义法学派从法的源头基础性出发，认为法是存在于可观察的行为之中；社会法学派从法的整体性作用出发，认为法是一种系统化、体系化、技术化的社会控制工具；新自然法学派从法的伦理性追求角度出发，认为法是人们服从规则治理的事业等。

应当来讲，上述所列关于法之本质众说纷纭，并非全无道理。在一定程度上，它们都揭示了法之所以称其为法的部分本质。但是，这些不同角度、不同侧面关于法的叙说皆有其固有的局限性。例如，其一，从自然法学派、哲理法学派来看，在任何人的思想观念总是受到其所处的社会文化环境影响、形塑来看，是否存有真正意义上的绝对意志自由，本身即是一个悬而未决的问题。哲学上的"非决定论""决定论"即由此应运而生。其二，从分析法学派来看，主权者的命令在专制政治时代或许可能成立，但在民主政治时代，法律作为多数人意志的体现，似同"命令"这一带有强烈威权主义色彩的概念，仍然存有相当的区别。其三，从实证法学派来看，规则只是法的表层现象，至于支配这一现象背后的深层次本质究竟为何，如道德、伦理、价值、判断、历史、文化等诸项，作为"决定之匙"的深层次结构，则起着更重要的根源作用。② 其四，从现实主义法学派来看，法肯定不仅仅存在于法院判决中，还存在于立法、执法，包括司法的其他环节及守法等法律运行的全过程之中。其五，从行为主义法学派来看，鉴于人的行为总有合法、非法之分，因此单从行为本身难以全面认识法的内在规定性。其

---

① 这一论断涵盖了从卢梭到黑格尔对于法之本质的一般看法，并非仅为某一人的观点，下同。

② 这也是法理学本身所研究的对象，见前文。

六，从社会法学派来看，在整体上，法固然有作为社会控制手段的一面。但是，也不能忽视法对个人行为所起到的评价、指引、导向、教育和强制作用的另一面。过于强调某一端，而忽视另一端，皆失之偏颇。其七，从新自然法学派来看，人们服从规则治理是一回事，规则是否值得服从又是另一回事，即恶法本身是否需要被服从的问题，在这里是被回避了的。

四、马克思主义法理学对于法之本质的理解 ——以阶级分析法为中心展开

马克思作为德国人，同样是西方文化孕育下的产物。因此，马克思主义关于法的本质认识，仍然不可避免地带有些许西方文化的固有底色，即仍然遵循"从现象，到本质""不在场决定在场"的基本理论范式。综括而言，马克思主义关于法之本质理论，主要由三个方面构成：其一，国家意志表现论；其二，统治阶级意志论；其三，物质条件决定论。

第一，国家意志表现论。从结构主义角度出发，该理论可视作马克思主义法理学关于法之本质的表层学说，即法在形式上，总是国家意志的体现和反映。它以国家名义为载体、外壳，并以国家强制力保障实施。这一点，在后面法的特征中还会进一步展开。但至少在目前阶段，这可作为大家理解法之本质的逻辑起点。

第二，统治阶级意志论。该理论是马克思主义法之本质的中层学说，但在功能构成上，却是整个理论体系大厦中最核心的一部分。其原因在于，它涉及究竟该如何透过"国家"这一现象，窥探到其本质的问题。而对国家本质的理解，则奠定了对法之本质理解的前提和基础。依据以色列历史学家尤瓦尔·赫拉利的观点：国家从某种程度上也是一个由人类主观创造的"想象共同体"。[1] 换言之，国家概念的实体所在，实际上是一种虚拟产物。这里涉及一个法学专业术语，叫作"法律拟制"。因此，重要的不是陷入"国家"的概念窠臼，而须穿透概念的"面纱"，[2] 深刻理解其实质所在。这个实质，在马克思看来，即国家的本质在于统

---

① [以色列]尤瓦尔·赫拉利著：《人类简史：从动物到上帝》，林俊宏译，中信出版社2014年版，第28~29页。

② 此处借鉴了公司法理论中"穿透公司面纱"制度。

治阶级对于被统治阶级厉行阶级统治的工具。

那么，问题的核心就从该如何理解"国家"的概念问题，转换成了如何理解"阶级"的概念问题。这里，需要提醒大家的是，"阶级"这个词虽然也是一个耳熟能详的政治学概念，但它并不是一个抽象化的存在，而是一个具象化的存在。何谓具象化，指的是这个概念的原型，是可以在历史和现实中找到其原型和载体的。换言之，它并非纯然是理性创造、逻辑推理的产物。此一点，在我们学习人文社会科学，包括法学在内的许多概念时，都是要予以注意的，即现实生活，永远是我们学习过程中赖以借鉴的永恒资源。在以法学为代表的人文社会科学谱系中，在前面讲学科划分时就谈到过，这种资源主要是指人本身。进言之，无论理解"国家"，抑或理解"阶级"，人始终是其根本的落脚点和归宿点。

循此理路，通俗来讲，所谓统治阶级，即指在一国之内，掌握了主要生产资料(或曰资源)的个体或群体。所谓被统治阶级，是指不掌握生产资料，主要通过出卖自己劳动力谋生的广大群体。以此为基，马克思认为的阶级矛盾的普遍存在性，尤其是在近代资本主义发轫后，则直接体现在资本家同产业工人之间的尖锐对立上，这是其学说产生的时代背景。但是，阶级分析法作为一种研究分析工具，则具有较广泛的解释力。仅以中国古代社会为例，一个最基本的阶级对立关系就是统治阶级中的代表群体地主，同被统治阶级中的代表群体农民之间的对立。地主占有主要生产资料——土地，可以依附其通过收取地租不劳而获；农民则必须依靠劳动力的出卖，通过缴纳赋税求得生存。这一基本生产关系一直延续到近、现代，遂成为后来中国共产党在革命年代发动广大人民群众进行"打土豪，分田地"的重要事实根据，并在前述宪法序言中获得了政权合法性来源的正式表达。要之，"阶级"这一概念实质体现了特定人群同特定资源之间所建立的特定关系。而"国家"，是进一步将这种特定关系予以政治化、法律化和制度化的人为建构和拟制的系统化、体系化和强制化的技术方法。而法的本质，则正是蕴含在这种特定关系、技术方法之中的。

第三，物质条件决定论，这是马克思主义法之本质说的终极决定基础。该理论又包含两个方面内容，一个是地理环境，一个是生产方式。关于这两者之间的关系，以及它们是如何具体作用于上层建筑的问题，在第二讲中已经阐述过，在此就不赘述了。

第四讲　法 的 特 征

提要：我们为什么要研究法的特征，其理由主要在于它能为准确理解法的本质提供辅助和支持。换言之，只有关于什么是法的叙述是远远不够的。很多时候，则需要借助不同角度、不同侧面对特征进行描绘，来达到对于本质的多样化、立体化的了解和认识。推而广之，在学习任何法学、法理学知识点时，这都是一种基本的逻辑顺序、认知工具，即从单维概念到多维特征；借助特征，映照概念。这不仅是一种所谓法教义学的基本方法，同时也是一种认识论的主要路径。要之，在某种意义上，"概念—特征"往往具有一定的一致性、同构性，即概念是特征的源头，特征是概念的佐证，两者共同服务于认知活动中对于某一认知对象的理解和认识。因此，在后面其他各讲中，还会反复运用到这一基本方法。同时，特征概括得越全面、越具体，则意味着对于概念本身的认识越深刻。

关键词：规范；行为；社会；权利；义务；暴力

一、法是一种规范(规则)

在第一讲时曾经跟大家谈到过，作为初学者而言，可以把法当作一种规则，作为理解一切法理学问题的逻辑起点，这是一种通俗化意义上对于法的理解和认识。在本讲中，我们将进一步对究竟什么是规则(或曰规范)①进行更深入的理论探讨。通常来讲，规范具有以下几个特点：

第一，在基本内容上，具有抽象性、概括性。法律规范总是针对某一类型化

---

① 为同后面法的要素中"法律规则"这一专门概念相区分，此处用"规范"指代"规则"，实际表达的是同一个意思。

的行为，进行抽象、提炼和概括，进而建构一种模式化、定制化的调整机制。例如，刑法分则所规定的故意杀人罪，是指故意非法剥夺他人生命的行为。在这样一条简单规则的设定中，便是针对世间纷繁复杂的杀人行为所进行的一种类型化处理。反之，规则并没有根据不同杀人方法，诸如刀砍、锤击、车撞、投毒等行为方式去规定不同的具体杀人罪名。就立法技术而言，这种类型化的程度越高、涵盖越广，就越能反映出立法者的立法水平越高。

第二，在调整对象上，具有广泛性、普遍性。法律规范的调整对象的基本范畴首先是指的人，因此这里的广泛性、普遍性主要是指这一主体涵盖的范围问题。换言之，在一个法治国家中，理论上同一法律规范应当适用一国司法主权范围内的所有人，而不存在某一或几个法外的特权个人或群体，此之所谓"法律面前人人平等"的题中应有之义。关于中华法系传统中"礼不下庶人，刑不上大法"之礼法二元传统、礼刑并用手段，以及"议事以制，不为刑辟"的司法文化理念，即是同现代法治精神中的普遍性精神明显相悖的。

第三，在适用标准上，具有统一性、平等性。这是法律面前人人平等的法治精神，在另一侧面的体现和反映。事实上，适用标准的统一性、平等性同适用对象的广泛性、普遍性存有一体两面的关系，即不同群体的同一标准，本身就是平等要义的基本内涵。正基于此，习近平总书记在十八届中央政治局第二十四次集体学习时强调：领导干部不论职务多高、资历多深、贡献多大，都要严格按法规制度办事，坚持法规制度面前人人平等、遵守法规制度没有特权、执行法规制度没有例外。这一论断，即为本特征又一注解。

第四，在适用方式上，具有反复性、频繁性。每一具体规范体系、法律制度，皆有其生命周期。但至少在其颁行生效后，直至失效前，针对同一调整对象，是可以反复、多次适用的。而不应存有"朝令夕改"、今明相异的情况。此一点，也是法治本身带给人们基本生活安定感、行为预期性的关键之所在。

二、法是调整人们行为的规范

何谓"行为"，一般指的是受思想支配而表现出来的外部身体动作。这里有两个隐含的信息，其一，行为总是思想内容的外部表达，即"思想—行为"是一个统一的逻辑结构。① 其二，当行为被"表现出来"，便具有了被观看、被感知的可能。换言之，行为具有了社会效果。此两点，是我们理解行为法律效果的基础。反之，单纯的思想，即没有被观看、被感知的思想本身，是不能成为法律所调整的对象的。比如，个人写日记仅供自己观看，鉴于这种私人化的思想表达行为，由于欠缺社会效果，没有对他人产生切实的影响。因此，在理论上，无论在日记里写下何种离经叛道的内容，在现代法治国家中都不能成为法律所调整的对象。要之，进入法律观照视域中的行为，一定是要存在于一个社会关系的框架中的。在这个框架中，行为的社会效果，得以顺延人际网络的脉络，逐级传播。此一点，是判断法律得以发生作用的前提和基础。

循此理路，一个人在一个相对孤立、封闭的场所空间中，譬如无论其身处《鲁滨逊漂流记》中的小岛，抑或在自己家里，在一般情况下，其做出任何行为都是不受法律所调整的。当然，这里有个特例，就是在家里。例如，近年来，国内、国外都曾发生过人们因为在家里裸体而被邻居投诉的案例。对此，无论是当事人，还是有论者都认为，自己在家里当然拥有"裸体的自由"，实则不然。其理由在于，此类"毫不遮掩"的裸体行为，看似发生于自己家里，但实际上，因由此类特殊表达行为所传递的信息本身，盖因其能"被观看、被感知"，已非仅仅局限于家之范围自身，而毋庸置疑地具有了社会效果。所以，自然可以成为法律所调整的对象。也因为此，即便在西方国家，此类行为也可因"有伤风化"而被追究法律责任。实质上，这与如今互联网时代的网络直播大行其道具有异曲同工之妙。譬如，假若某个人在网络上进行色情直播活动，当然是要被追究法律责任的。其内在法理基础，同"家中裸体"其实并无二致，即在本质上，都起到了将某一不良有害信息扩散、传播到了他人、社会的客观效果。

此外，还有一个例子可以辅助说明这一法理精神，即言语的攻击和侮辱行为。例如，在两个人相互辱骂的场合，如果其中一人因精神受到刺激而引发基础疾病导致伤亡，骂人者是否需要承担法律责任？答案也是肯定的，其原因和此同理，即骂人行为本身虽无身体层面的物理接触，但其通过言语表达出来的负面信息已经传递到了被骂者。换言之，行为同样具备了"被感知"的社会影响、社会效果。进而，这种影响、效果同受害者的精神刺激以及伤亡结果之间存有间接的

---

① 关于此点，在后面的"法律行为"专题中再予以展开。

因果关系。所以，承担法律责任自然就具有了法律上的合理性、正当性。实际上，针对此类行为，除了可能承担民法上的侵权责任以外，情节严重的，还有可能涉嫌刑法上的侮辱罪。

三、法是以权利、义务为基本内容的规范

某种程度上，权利、义务是法学中的核心概念之一。大家正在学习的宪法学，以及将来要继续学习的各个部门法学，从其基本构成元素来看，皆可视作不同权利、义务的集合体。而对于如何理解权利、义务，可先从它们各自的概念入手。所谓权利，是指法律关系主体为了自己的利益为或不为一定行为的可能性。所谓义务，是指法律关系主体为了他者利益为或不为一定行为的必要性。

在这里，作为初学者，大家可先从"可能性"和"必要性"这两个关键词着手，将其作为理解权利、义务的逻辑起点。其一，顾名思义，可能性即代表了一种选择的自由。换言之，权利本身，即是自由的法律表征。例如，《宪法》第三十六条第一款规定：中华人民共和国公民有宗教信仰自由，即很明确地指出了这种自由的基本法向度。该自由具体体现在，中国公民既有信教的自由，也有不信教的自由；有信这种教的自由，也有信那种教的自由；在同一宗教范畴内，还有信这种教派的自由，也有信那种教派的自由等。总之，既然宪法赋予了公民宗教信仰自由权利，那么该权利的行使方式，全赖于公民自身。其二，必要性代表了一种不可选择的强制。又如，《宪法》第四十九条规定：父母有抚养教育未成年子女的义务，成年子女有赡养扶助父母的义务。这两种义务，无论父母，还是成年子女，在无特殊例外情况下，都是不能逃脱、逃避的。这不仅是中华传统文化的"孝道"要求，更是当代法律制度的义务要求。反之，如果逃脱、逃避的话，轻则承担相应民事责任，重则还有可能要承担遗弃罪的刑事责任。

四、法是由国家制定和认可，并由国家强制力保障实施的规范

本特征主要包含两层意思，一个是法的来源问题，一个是法的保障问题。关于前者，即法是由国家制定和认可的。这里有两点需要提请大家注意。其一，通

常来讲，法律产生的源头，是国家。具体而言，是通过国家权力中立法权的行使得以被创制和表达出来。其二，法律创制的方式，除了制定以外，还有"认可"这一方式。何谓"认可"呢，如果我们以"制定"为参照，它一般是指法的存在状态历经从无到有的一个过程。那么，认可则是指该立法权针对社会中业已以民间规则形态存在的习惯、习俗，承认并赋予其正式的立法效果和效力。换言之，同制定相比，认可状态下规则的产生并非一个单纯的"从无到有"，而更加类似于"从旧有，到新有"的过程。

例如，对于中国古代婚姻制度早已存在，并延续至今的民间彩礼习俗，原《婚姻法》实质上认为它是一种封建制度的糟粕，而秉持根本否定和反对态度，并用了"不得借助婚姻索取财物"这一规则进行了表达。但是，法律文化，作为一定民族从历史传习中获得的、要求个体按特定模式进行法律实践和法律思维的指令系统，① 其惯性作用影响是巨大而不可抗拒的。因此，即便今天，在绝大多数城市、农村的婚姻缔结过程中，男方给付数额不等的彩礼于女方，则成为一种普遍现象。进而，因由彩礼的给付和返还问题，就不可避免地产生了一系列的矛盾和纠纷。面对这些矛盾、纠纷，如果国家仍然坚持原《婚姻法》中否认彩礼合法性的基本认定思路，而将其完全"甩锅"给民间。可以想见，势必将对家庭基本安宁、社会和谐稳定带来不可估量的负面影响。基于对法律"定分止争"固有功能的考虑，全国人大常委会又另行出台了《婚姻法解释》对彩礼的返还规则进行了重新设计，设定了可以部分或全部返还彩礼的基本条件，如收受彩礼后没有结婚的，结婚后没有实际共同生活的，或因给付彩礼对生活造成严重经济困难等。该制度设计在 2023 年颁布的《民法典》婚姻家庭篇中，也得到了保留和延续。要之，这实际上就构成了变相承认彩礼合法性的一种"认可"的方式。

关于后者，即法的保障问题。在某种程度上，这种保障手段上的国家性，是来源主体的国家性在逻辑上、现实中自然演绎、发展演变的结果。在这里，有几个要点需要强调：其一，注意国家的本质和表象之间的区分。关于国家的本质，马克思主义的阶级分析法已经对此作了解释。但是这种阶级统治（包括社会管理）的过程，仍然需要具体载体去实现和完成，这就是所谓国家的表象问题。例如，我们在日常生活中所看到的警察、法庭、监狱乃至军队等强制力机构，都是

---

① 陈晓枫著：《中国法律文化研究》，河南人民出版社 1993 年版，第 13 页。

这种表象的表现形式。同时，国家表象还是多种多样的，一切行使国家权力的立法、执法、司法和法律监督等公权力机构，无论其名称若何，皆是其中的组成部分。此外，政治仪式中的其他元素，如国旗、国徽，甚至我们熟知的天安门、人民英雄纪念碑等，都在一定程度上构成中国特色国家表象的象征物之一。这不仅是个法理学问题，也是个宪法学问题，更是个政治学问题。作为法学专业的学生，可以从法学同政治学的紧密关系这个向度，加深对于我们日常生活中的国家元素、国家实质的更加深刻的理解和认识。

其二，国家强制力出场的方式和顺序。现实生活中，绝大多数公民在其一生中，事实上是很少有机会能切身体会和感受国家强制力的存在的。其原因在于，大部分人都是遵纪守法的好公民。因此，在这个前提下，国家强制力是不出场的。换言之，国家强制力的出场是有条件的。这个条件便是至少出现违反法律的情势发生。所以，它便总是带有潜在性、次生性的基本特点。

总之，上述几点，便是我们理解和认识法的特征的几个主要方面的内容。

第五讲　法 的 要 素

提要：首先，从哲学上看，要素问题实质是一个结构问题。这和前讲"法的特征"不是同一层面的问题。前者具有形式化的色彩，后者则更趋具有本质性的特点。因此，在认知过程中，我们往往需要将形式问题和内容问题结合起来，才能达到对于事物较全面的认识。其次，从法的要素本身来看，也存有一种结构性的关系。这种结构关系主要体现在法律概念是构成法律的基本单位，而法律规则是以法律概念为基础，通过价值判断、权利、义务和责任混合配置而形成。至于法律原则，则是在一个更高层面对法律概念、法律规则起到宏观的、根本的指引作用，即以一种"随风潜入夜，润物细无声"的方式发挥着其潜移默化的作用。它似乎不在，却又无处不在；好像在场，却常常又不在场。要之，法律原则作为法的要素的始源和根本，导引着法律概念、法律规则的内容和应用，决定了法律制度的功能和价值。

关键词：法律概念；法律规则；法律原则

一、法的要素同法的特征的比较

法的要素同上一讲"法的特征"是既有联系，又有区别的两个不同范畴。其联系在于它们都在一定程度上回答了"究竟什么是法，法又是由哪些元素构成的"这一法理学中的基础性、根本性问题。关键的一点在于两者之间的区别所在。大略来看，它们的差异主要体现在：

第一，在根本性质上，法的要素侧重于对于法的物理性解构，法的特征落脚于对于法的思辨性概括。何谓物理性解构，何谓思辨性概括，我们可举一个例子来说明，即人的本质是什么。从物理结构上看，人这个生物体按照从外向内的顺序，可以将其拆分为毛发、皮肤、肌肉、血管、神经、细胞、DNA①等。显然，我们仅从对人的物理性解构依然难以看出其同植物、动物等生命体的本质区别所在，即人的本质仍然是隐而不彰的。那么，究竟什么是其本质，这就需要运用思辨性的思维方法去把握了。依据业界新近观点，人之所以成其人，并区别于其他碳基生命最重要的特征是人具有因由高级智能所生发的语言能力。这种语言使得人类虽然只能发出有限的声音，但组合起来却能产生无限多的句子，由此生发出各自不同的含义。在此基础上，进而能够传达一些相对抽象的信息。而正是这些表现为"虚构的故事"的抽象信息，能将数量规模远超动物的人类群体连接在一起，形成一种强大的组织化力量，即"想象的共同体"。这是人类能够战胜动物，位居地球食物链顶端的关键所在。② 换言之，复杂的语言性，高度的组织化，加之马克思所概括的"直立行走，使用工具"等特征，共同指向了人的真正本质所在。这再次证明了，任何本质都是存在于现象之外的。透过"出场"的现象，找到"不出场"的本质，思辨性思维在这个过程中，是不可或缺的一个关键性环节。

　　与此同理，我们对于法的特征认识，也具有同样的效果，即对于法之本质的认识，也只能通过其特征去把握。而这些特征，也是存在于具体法律制度背后的那个"永恒规律"之中的。例如，在几乎法的特征之每一层面——从调整对象(社会化的人之行为)，到具体内容(权利、义务)，再到实施保障(国家强制力)，从古至今，几乎概莫能外，没有发生根本性的变化。所有这些，皆共同指向法作为阶级统治工具的这一核心意蕴。

　　第二，在研究方法上，分析法的要素重形式，研究法的特征重实质。这是两者之间的性质差异，在研究路径、方式上从逻辑到现实的自然结果。前者，是一种"庖丁解牛"式的解构；后者，在某种程度上是一种"高屋建瓴"式的建构。

　　第三，在功能目的上，研究法的要素，主要运用于法的运行领域，即贯穿于立法、执法、司法、守法和法律监督的全过程。大家将来如果从事法律实务工作，主要关注更多的是法的要素相关问题。例如，法律概念的内涵、范围，法律规则的适用条件，法律原则的适用方式等。而法的特征则更多出现在对于法的理

---

　　① 学名为脱氧核糖核酸，是一种记载了遗传学、基因学基本信息的蛋白质双螺旋结构。

　　② 参见[以色列]尤瓦尔·赫拉利著：《人类简史：从动物到上帝》，林俊宏译，中信出版社2014年版，第24~29页。

解之学理层面，主要是帮助我们提升和加强对于法的认识这一核心目的。

第四，在时间流变上，对于法的要素的认识和实践，会随着法律所调整的社会生活的变化，其内涵、外延和范围，也会发生相应的变化。例如，以法律概念为例，有些法律概念如"寻衅滋事"行为，其范围可能会因科技进步、互联网技术的发展而扩大。再如，以法律规则为例，各类立法"改和废"的频繁性和经常性，本身就体现了规则的持续变迁性。以法律原则为例，社会主义核心价值观的裁判书直接适用，也是其日益嵌入具体司法过程中的具体实证。反之，法的特征则具有相对的稳定性、恒定性。人类社会自国家出现以来，无论奴隶社会，还是封建社会，抑或资本主义社会，直到社会主义社会，法之所以成为法的那些基本特点，并未随着时间推移而发生根本性的变化。换言之，法的要素之"恒变"中，总有法的特征之"恒定"性。

二、从概念到法律概念

(一)概念

接下来，我们来讲法的要素中的第一个基础性的部分：法律概念。在具体学习法律概念之前，有必要对法律概念的上位性概念，即概念本身，来做一番考察。本书认为，概念作为一种人为主观创造之物，是人们在认识实践活动中对客观现象通过理性思考、抽象概括，以语言为工具而形成的权威性理论表达之范畴实体。我们可以从以下几个方面，来进一步深度理解概念的内涵：

第一，在源头上，概念是由人所定的主观产物。任何知识体系，作为一种"公共设定"的产物，在内容上一般系由概念、判断两部分组成。概念作为知识结构的基本组成单元，其界定、内涵和外延总是具有较强的人为给定色彩。此一点，不独见于人文社会科学领域。即便在自然科学领域，根据客观现象所下的概念、定义，仍然不能完全脱离人为主观的印记。例如，物理学中的万有引力定律，是指物和物之间相互作用力的大小，同它们的质量成正比，同它们的距离成反比，这一概念同时指涉涵盖物物内在、外在两个层面的相互比例、数量关系。而该概念，至少在表达方式上所借助的语言本身，就是通过"所指—能指"结构来借助嘴巴发声、空气振动来实现的。鉴于语言固有的主观性色彩，因此概念便不可避免地沾染了思维创造的基本成分，而非纯然绝对地客观。另一更加直观的例子，就是我们在日常生活中常见的"桌子"这一概念。除了前述语言表达的主观性外，桌子从质料层面的木头，演变为功能层面的实物，显然也是同制造者的设计思路、加工过程存有密切的关系。这一过程，同样带有更强的主观色彩。所以，当我们回到"桌子"概念，包括其实体时，它在多大程度上是一个纯粹的客观存在，是很值得怀疑和需要再认识的。

第二，在过程上，概念是认知主体在对认知对象进行认知活动时，通过理性思辨、抽象概括而形成的认知结果。在某种意义上，这也是人区别于动物的根本特征之一，即人的高级智能主要表现在这种借助语言来对认识对象进行抽象、提炼并予以表达的能力。也正是这种表达之结果，构建了人类文明从古至今所有知识体系的具体内容。

第三，在功能上，概念是一种权威恒定的范畴实体。所谓范畴实体，是指概念的一种基本表现形态、外部特征。如前所述，任何概念，皆有其内涵、外延的范围。从认知之网来看，每个概念都代表了知识体系中的一块认知的范围或领域，此即构成了同其他概念据以区分的基本边界，或其基本功能所在。除此以外，概念在被人创制出来以后，如果不具有时间存续上的相对稳定性，那么它就很难发挥其在认知之网中的联接作用。因此，概念的稳定性、权威性是其不可或缺的。此即所谓，概念之权威恒定的其来有自。所以，这也是我们在学习任何知识过程中，将该知识体系中的种种概念，当作一种准先验性存在的根本原因。

(二)法律概念

在此基础上，我们便可获得关于法律概念的一般认识。循此理路，所谓法律概念，是指人们在法律认识、实践活动中，对法律现象进行理性思考、抽象概括而形成的权威性理论表达之法律范畴实体。法律概念作为构建整个法学知识体系大厦的基石，无论从法律理论学习，还是从法律实务工作，都是一个重要的研究内容、关注焦点。作为初学者，我们首先要搞清楚的，则是法律概念的由来问题。

一般而言，现存的法律概念体系之来源，大体可分为两个路径：其一，客观日常。其二，主观建构。关于前者，一般是指某些法律概念是对现实生活中已经发生的客观事实、习惯习俗进行归纳、概括，上升为法律制度中的组成部分。在中国传统及现实婚姻缔结过程中广泛存在的"彩礼"现象，即为此例。作为一种古老的习俗，彩礼最早出现在周礼"婚姻六礼"中的"纳采"环节，并作为夫权对价构成中华法系中婚姻制度的重要内容。因此，在中华人民共和国成立后的婚姻法相关立法中，该制度是被视作"封建文化糟粕"而对其持根本反对态度的，这也是1980年版《婚姻法》关于"禁止借助婚姻索取财物"条款①的立法原意。但法律规定是一回事，现实生活有时又是另一回事。基于传统文化的强大惯性，现实生活中，在大多数的婚姻缔结过程中，男方还是或多或少地给付了数额不等的彩礼。换言之，彩礼规则业已成为贯穿今古的一种习俗、习惯，而具有了恒久的生命力。在这种情况下，如若立法者完全对此视而不见，否认其存在的合理性、合法性，势必造成现实生活中因为此类事由不能得到合法有效的救济，而使民间矛盾存有进一步激化的可能。基于此，2003年版的《最高人民法院关于适用〈中华人民共和国婚姻法〉若干问题的解释(二)》第十条，针对当事人的彩礼返还，设定了相关条件。② 这些条件的设定，等同于是变相承认了彩礼的合法性及其法律地位。该立法精神，在2023年版《民法典》及其司法解释中得到了延续。而这种承认，从法律概念来源角度，即是其客观日常的典型体现。

大家将来会在各个部门法中接触到一些概念，如民事法律行为(民法)、犯罪构成要件(刑法)、抽象行政行为(行政法)、诉讼时效(诉讼法)等，在这些概念被创制出来以前，现实生活中几乎没有立法前的对应原型。换言之，这些概念皆是主观建构的典型反映。

(三)法律概念的分类

接下来，我们来讲一下法律概念的分类。在展开针对具体法律概念的分类前，有必要对分类本身的方法论意义做一些铺垫，即为什么在法学学习过程中，会较广泛和频繁地运用分类来对某一概念进行多元化的解构。这不仅仅是一种形式上的法教义学惯例要求，更是一种重要的思维模式、思维方法的熏陶和训练。其理由在于，分类作为一种在认知活动中基于不同的标准设定，来对认识对象进

---

① 参见1980年《婚姻法》第三条第一款。

② 这些条件主要包括，其一，双方未办理结婚登记手续的。其二，双方办理结婚登记手续但确未共同生活的。其三，婚前给付并导致给付人生活困难的。

行全方位、多层次和多角度的分析，本身就蕴含了一种多元化的、发散式的思考方法的深刻内涵。而在这个过程中，会无形中对人的包容精神、宽容能力起到哺育和增长的作用。而包容精神、宽容能力，不仅对于个体将来的幸福感受、生活质量关系甚大，同时对于从事主要和人打交道的法律实务工作而言，在理解、把握人性，应对、处理纠纷，维护社会和谐稳定等方面，也是不可或缺的。

关于分类的研究方法，举一个生活中常见的例子。比如针对同班同学，如果我们设定不同的标准，其分类结果自然也会有所不同，依据性别、是否戴眼镜、头发长短、皮肤黑白等，会得到不同的分类。对于法律概念的分类，其实质也是一样的。在所有待认识的概念谱系中，通过设定不同的标准，也会得出不同的分类结果。下面，我们就来学习法律概念的分类。

首先，以内容为标准。何谓"内容"，在此可以将其看作法律概念的主要指向和表达对象。在哲学意义上，内容是范畴的填充。前者是实体，后者是形式。如果没有内容，只有范畴，那就如同明初才子解缙所言：墙上芦苇，头重脚轻根底浅；山间竹笋，嘴尖皮厚腹中空——缺乏真的功夫，没有实质东西。因此，内容本身是比较重要的。在内容标准下，大体而言，可将法律概念分为主体性概念、客体性概念、关系性概念和行为性概念。鉴于这几个概念类型，将在后面"法律关系"一讲中会详细深入地展开。所以，在目前阶段，大家主要从法律常识角度予以把握即可，即主体通过行为构成各种法律关系，关系依附客体建构权利义务责任。

其次，功能标准。何谓"功能"，这实际上是一个自然科学概念的借鉴应用，原指有机体生命基于其横向结构、纵向存续，所引致连续性意义上的一种运行状态。功能论的理论预设认为，社会是一个由各种因素构成的有机系统。而法律作为这个系统中的重要组成部分，其在一定立法目的指引下，基于其内在结构同其他社会单位发生相互影响，并造成一定客观后果，借以实现法的价值。[1] 就法律概念而言，其主要功能分为两种。其一，描述。客观、翔实和全面地表达概念指代对象的基本特点。例如民法中常见的物、共有、法人等概念，皆属此类。这些概念，几乎没有价值判断色彩。其二，规范。鉴于规范本身即为规则的另一表达，而任何规则的设定又都不可避免地带有某种价值取向。所以，在这种特定价

---

① 参见付子堂主编：《法理学进阶》，法律出版社 2016 年版，第 51~52 页。

值取向指引下的法律概念设定，本身即具有规范作用的内在意蕴。例如，夫妻姓名权概念，反映在《民法典》第一千零五十六条为：夫妻双方都有各自使用自己姓名的权利。显而易见，这是对中国传统夫权制度的法律颠覆。其内核，是指向"男女平等"这一婚姻家庭法律制度中核心价值的。

再次，确定性程度标准。这个标准相对比较好理解，即根据概念的内涵外延、相应边界是否明确清晰，划分为确定性概念和不确定性概念。① 绝大多数概念都是指的前者。也唯其如此，才能真正发挥概念本身的应有之作用。但现实中，基于法律自身固有的局限性、社会生活的复杂性，总会存有一定数量的不确定性概念。实践中，这些概念在法律适用时，或者需要通过司法解释进一步明晰其边界，或者依赖法官运用自由裁量权，借助自由心证等方法在个案中予以明确其基本范围。例如，《土地管理法》第二条规定：国家为了公共利益的需要，可以依法对土地进行征收或者征用并给予补偿。该条中的"公共利益"即是一个典型的不确定性概念，亟待在个案中根据具体情况来具体分析，以作为裁判依据。

最后，涵盖面大小标准。该标准指的是，有的法律概念是适用于所有的法律部门，即在某种意义上具有了柏拉图所谓"共相"的特点。法理学范畴中的概念，大体皆属此类。以"法律关系"概念为例，即指依据法律，在特定主体之间所形成的权利、义务关系。而几乎所有法律部门，都会涉及不同类型的法律关系。这一法律概念，被称为一般法律概念。反之，仅存在于某一特定部门法中的法律概念，如前所举之种种，则一般属于部门法概念。要之，一般法律概念同部门法律概念，在范畴上体现了哲学层面的一般和特殊、整体和局部之间的联系和区别。

三、研究法律概念的意义——以"天津大妈持枪案"为例

下面，我们试举一个现实案例，进一步说明研究法律概念的重要性。该案基本经过为，2016 年 12 月，天津市民 51 岁的赵某华女士因摆设射击摊位营生，被当地警方以涉嫌非法持有枪支罪抓获。当月，天津市河北区人民法院以该罪判决赵某华有期徒刑三年零六个月。本案在一审宣判后，被告提出了上诉。后经媒体

---

① 这里的"不确定性"，一般也仅指相对性不确定，而非绝对性不确定。否则，概念本身就没有任何存在的意义和价值了。

报道，该案引起了全国舆论的广泛关注。2017年1月，天津市第一中级人民法院对此案进行了公开审理并当庭宣判，判决上诉人有期徒刑三年、缓刑三年。宣判后，二审法院依法对上诉人解除了羁押措施。同时，上诉人表示认罪服判。①

本案即是一起围绕法律概念为主要争议焦点的典型性、代表性案件。实践中，犯罪嫌疑人在侦查阶段之所以被警方采取强制措施，其理由主要为其被予收缴的九支枪形物及配件，经天津市公安局物证鉴定中心鉴定，其中六支均为以压缩气体为动能，并能正常发射的枪支。② 在一审、二审法院审理中，相关裁判结果对此均表示了认可。换言之，至少在法律上、逻辑上，是成立本罪的。③ 但这种司法认定，是同许多人的生活经验、通常认知相背离的。毕竟，以打气球为主要娱乐对象的气球摊，在我们现实生活中并不鲜见。如此一来，岂非很多人都有涉嫌本罪并被追究刑事责任的可能了？而此一点，正是本案后来引发舆论关注的重要原因之一。

那么，赵某华女士究竟有没有构成非法持有枪支罪呢？其争议焦点自然就转换成为了：气枪究竟是否属于非法持有枪支罪这一枪支概念界定的问题。依据《枪支管理法》第四十六条之规定：本法所称枪支，是指以火药或者压缩气体为动力，利用管状器具发射金属弹丸或者其他物质，足以致人伤亡或者丧失知觉的各种枪支。换言之，该法所称"枪支"，具有这样几个特点：其一，在动力上，为火药或压缩气体。其二，在外观上，为管状器具。其三，在功能上，可发射金属弹丸或者其他物质。其四，在结果上，足以致人伤亡或丧失知觉。因此，气枪基本满足这四大构成要件，将其定义为"枪支"是有法律依据的。

此外，依据公安部部门规章《公安机关涉案枪支弹药性能鉴定工作规定》（2010年）第三条第三款之规定：对不能发射制式弹药的非制式枪支，按照《枪支致伤力的法庭科学鉴定判据》（GA/T718—2007）的规定，当所发射弹丸的枪口比动能大于等于1.8焦耳/平方厘米时，一律认定为枪支。据此，鉴于本案枪口动

---

① 《2016年，51岁天津大妈因非法持有枪支，被警方带走判刑3年》，载网易网，https://www.163.com/dy/article/HH2AKREV0553E0DF.html，2023年10月23日访问。

② 《"天津大妈"非法持枪案改判缓刑》，载《新京报》2017年1月27日第1版。

③ 至于从一审到二审在量刑幅度上的改判，法官综合考虑了其他因素，如舆论的压力影响等，在此暂且不论。

能鉴定结果均在 2 焦耳/平方厘米以上，① 同样也是符合该规章所界定的"枪支"范畴的。②

　　"法律概念"之重要性，由此管中窥豹、可见其一斑。但是，就本案而言，判决结果本身，似乎并未从根本上消解人们的质疑乃至担心。这里就引发了另一争议——法律规定同现实生活的相互脱节，即所谓法的局限性问题。③ 为应对此，2018 年，即本案发生两年后，最高人民法院联合最高人民检察院，就涉及气枪的枪支认定问题，专门作出了司法解释。该解释认为，"以压缩气体为动力且枪口动能比较低的枪支"④，在追究其刑事责任及裁定刑罚时，应"充分考虑枪支的外观、材质、发射物、购买场所和渠道、价格、用途、致伤力大小、是否易于通过改制提升致伤力，以及行为人的主观认知、动机目的、一贯表现、违法所得、是否规避调查等情节，综合评估社会危害性，坚持主客观相统一，确保罪责刑相适应"⑤。一言以蔽之，以后此类案件，不宜再以本罪论处。

四、法　律　规　则

　　在导论部分，我曾经讲过，在建立对于法律的理解和认识之初，可以就将其理解为通俗意义上的规则。但是，这只是一个概称，并未涉及法律规则的微观实质，即它的内部构成问题。在本讲中，我们将真正进行关于法律规则的逻辑结构的分析，这是真正从法学专业角度来看待和解构规则的内部构成之根本问题。一般而言，一个法律规则是由两个部分组成，即行为模式和法律后果。

　　所谓行为模式，是指主体做出某一行为的类型化概括；所谓法律后果，是指法律对于这一类型化行为的肯定或否定评价。例如，沿袭前面"天津大妈持枪

---

　　①　参见《"天津大妈"非法持枪案改判缓刑》，载《新京报》2017 年 1 月 27 日第 1 版。

　　②　在此须指出，依据《立法法》，规章在审判中是参照适用，而非必然、一定适用。所以，关于"枪支"的认定问题，还是应以《枪支管理法》为基本依据。

　　③　该问题将在后面专题中予以讲授。

　　④　参见《最高人民法院最高人民检察院关于涉以压缩气体为动力的枪支、气枪铅弹刑事案件定罪量刑问题的批复》。

　　⑤　参见《最高人民法院最高人民检察院关于涉以压缩气体为动力的枪支、气枪铅弹刑事案件定罪量刑问题的批复》。

案",《刑法》第一百二十五条规定：非法制造、买卖、运输、邮寄、储存枪支、弹药、爆炸物的，处三年以上十年以下有期徒刑；情节严重的，处十年以上有期徒刑、无期徒刑或者死刑。在这一文本表达、规则设定中，前一部分即为行为模式，后一部分即为法律后果，两者共同统一于一个完整的法律规则设定中。这一技术层面的规则存在方式，实则在古代也早已存在。例如，《史记·高祖本纪》载：刘邦入咸阳时，和父老约，法三章者。杀人者死，伤人及盗抵罪。这里，杀人、伤人及盗窃即为行为模式，致死、抵罪即为法律后果——法律规则的逻辑结构虽然"麻雀虽小"，但依然"五脏俱全"。

接下来，我们来看一下关于规则的分类问题。首先，第一个分类的标准是内容。所谓内容，在此一般指的是规则的基本内涵、具体指向。综括而言，法律规则在此标准下大体可分为三类：

第一，权利性规则。它指的是规则主要是以给相关主体赋予权利（即可能性）为主旨。例如，《民法典》第一千零五十条规定：登记结婚后，按照男女双方约定，女方可以成为男方家庭成员，男方可以成为女方家庭成员。换言之，婚后女方既可以同男方及其家人共同生活，男方也可以通过"入赘"等方式同女方及其家庭成员共同生活。当然，该条款同时也包含了，男女双方也可以自行组织家庭单独生活的隐含之意。但无论如何，具体采取哪种方法共同生活，皆是男方或女方可以自由选择的，即权利本身，就代表了一种选择的可能性。

第二，义务性规则。它指的是规则主要是给相关主体配置义务（即必要性）为主旨。例如，《民法典》第一千零四十七条规定：结婚年龄，男不得早于二十二岁，女不得早于二十岁。换言之，如果男女想提前领取结婚证，民政部门不会实施此一行政许可。即便同居，也无法产生民法上的婚姻效力，其形成的人身关系和财产关系，是不能完全得到法律保护的。[①]

第三，权益复合型规则。它指的是规则当中既包含有权利的内容，也包含有义务的内容。一个典型的例子便是《宪法》第四十二条第一款规定：中华人民共和国公民有劳动的权利和义务。该条款包含两个基本意思，一是有劳动能力者必须参加劳动，而不能好吃懒做、好逸恶劳。二是参加劳动者，有权利通过劳动获

---

① 不能得到完全的法律保护，并不代表不能得到任何法律保护。例如，同居期间所积累的财产，在同居关系结束时，也可以比照共同财产来进行析分。

取合法收入并得以养活自己。其中,前者是一种义务,后者是一种权利,它们共同构成了该条款的基本内涵。

此外,还有一种特殊的权义型规则,即该规则中的"权",并非指权利,而是指权力——主要是指以立法权、行政权、司法权和法律监督权为代表的国家权力表现形态。例如,《国家监察法》第三条规定:各级监察委员会是行使国家监察职能的专责机关。依照本法对所有行使公权力的公职人员(下称公职人员)进行监察,调查职务违法和职务犯罪,开展廉政建设和反腐败工作,维护宪法和法律的尊严。基于此,各级国家监察委员会(下称监察委)所享有的监察权力,就权力本身观之也是一种义务。其原因在于,当监察委发现相关案件的线索时,行使监察权力实施监察,是一种法定必要性,而非可由其自由选择的权利。反之,如若监察委及其工作人员基于种种原因而"选择性"地行使宪法和法律赋予的神圣监察之职责,则已有滥权渎职之嫌疑了。

其次,确定性标准(又称形式标准)。在此标准下,法律规则可分为规范性规则和标准性规则。实际上,该分类可视作确定性概念同不确定性法律概念分类在法律规则领域的自然延伸。例如,《民法典》第二条规定:民法调整平等主体的自然人、法人和非法人组织之间的人身关系和财产关系,即是一条关于民法调整对象及内容的确定性规则(或曰之规范性规则)。而《民法典》第八条关于民事主体民事活动的合法性规则:民事主体从事民事活动,不得违反法律,不得违反公序良俗,即在一定程度上是一种不确定性规则(或曰之标准性规则)。其理由在于:究竟何谓"公序良俗",现行法律并未给出一个较清晰明确的界定范围,而往往需要审判人员根据不同案件的具体情况予以具体分析。

再次,功能标准。在此标准下,又可进一步分解为规则同其调整对象人之行为的先后顺序问题,即以法律规则同调整行为之间的先后关系,作为判定法律规则本身功能的参照依据。如果行为在先、规则在后,规则是为了被动地对社会生活中已有行为进行事后补充的调整和控制,便称之为调整性规则。例如,《道路交通安全法》(下称《道交法》)第六十二条规定:行人通过路口或者横过道路,应当走人行横道或者过街设施;通过有交通信号灯的人行横道,应当按照交通信号灯的指示通行……显而易见,过马路的行为,无论《道交法》是否颁行,便早已存在。因此,《道交法》是对业已存在的这一行为,进行"事后"补充调整,此之所谓调整性规则的题中应有之义。反之,《物业管理条例》第八条规定:物业管理区域内全体业主组成业主大会，业主大会应当代表和维护物业管理区域内全体业主在物业管理活动中的合法权益。实践中，如若没有"业主大会"这一法律拟制主体的设定，整个现行物业管理体制机制便失去了其赖以存在的根基，从而流于无源之水、无本之木。换言之，前者是后者"构成"的前提和基础。这便是构成性规则的其来有自、个中缘由。

最后，强制程度标准。本标准是以法律规则的刚性程度作为判决的主要依据，并在此基础上，将其分为强行性规则和任意性规则。所谓强行性规则，顾名思义，指的是刚性程度较高的法律规则。例如，《武汉市物业管理条例》第四十二条第一款规定：物业服务企业应当按照法律、法规的规定和物业服务合同的约定履行物业管理义务，不得以业主拖欠物业服务费、不配合管理等理由，减少服务内容，降低服务质量，中断或以限时限量等方式变相中断供水、供电、供气、供热，以及损害业主合法权益的其他行为。该条款主要针对的是在日常生活、物业管理中，间或发生的物业服务企业基于自身的技术优势、便利条件，而在同业主产生矛盾纠纷过程中，所采取的简单化、粗暴化和偏激化处理手段的一种反向性规制。换言之，物业服务企业对于无正当理由拒不缴纳物业费的业主，唯一可选择的合法方式是采取协商或诉讼的方式来维护自身的合法权益。否则，该条例在"法律责任"中，赋予了主管部门的行政处罚权。① 其刚性程度，是显见的。由此可知，强行性规则率多为义务性规则的基本特点。

反之，从逻辑上推导，任意性规则当以权利性规则为多见。但须指出的是，表面上的义务性规则，并不代表真正意义上的强制性规则，而有可能是实质意义上的任意性规则。例如，《武汉市物业管理条例》第九条规定：物业管理行业协会应当制定物业服务规范和等级标准，推进物业服务标准化建设，建立和完善物业服务企业及其从业人员自律制度，开展物业管理示范项目考评和从业人员培训，调解物业服务企业之间的纠纷，协助房屋主管部门做好信用信息管理。作为物业管理行业协会的职责规定，该条款在文字上是以"应当"为前提，看起来的

① 《武汉市物业管理条例》第六十八条第二款规定：物业服务企业违反本条例第四十二条第一款规定，减少服务内容，降低服务质量，严重影响业主和物业使用人正常生活的，由区房屋主管部门责令限期改正，处一万元以上三万元以下罚款；中断或者以限时限量等方式变相中断供水、供电、供气、供热以及实施损害业主权益的其他行为的，责令限期改正，处一万元以上五万元以下罚款，逾期不改正的，按照原处罚数额按日连续处罚。

确符合义务性规则(或曰之刚性规则)的基本特征。但是,条例本身在"法律责任"一章中,却并未对物业管理行业协会如违反这一系列义务应当承担何种不利法律后果做出明确规定。换言之,义务规定同责任规定之间,出现了逻辑闭环上的缺失和不自洽,① 直接导致该条款的现实可操作性有所降低。因此,从表面上看,该条款虽然是一条强行性规则。实际上,它的任意性色彩是较明显的。

五、法律原则

作为法的要素中第三类要素,法律原则同法律概念、法律规则相比,其发生作用的方式具有自身的特殊性。鉴于法律概念往往是被包含于法律规则中,下面就以法律规则为参照,来对法律原则的一般特征进行简要概括:

第一,在基本功能上,相对于法律规则的微观操作性,法律原则具有较强的宏观指导性。原则,究其词源,带有某种根本准则的色彩。而法律原则,推而广之,则可将其视作法律的基础性真理或原理,为其他规则提供基础性或本源性的综合性规则或原理,是法律行为、法律程序、法律决定的决定性原则。② 概言之,它是指超越于一般法律现象、法律制度之上具有最高指令性、指导性的那一类存在。换言之,其发生作用的方式、方法,常以某种不在场的方式来影响在场的法律现象、法律制度。

第二,在表现形式上,相对于法律规则的精确具体性,法律原则具有较强的模糊抽象性。通常来讲,一个法律原则是以一种较抽象、精练和概括的语言对某一类型的基础性真理或原理进行一定程度的思辨概括的结果。从法律原则的概念范畴而言,总是带有较大的伸缩性、灵活性,需要在法律实践中结合不同的具体案例,来对法律规则的适用过程进行指导和控制。反之,任何法律规则的适用皆不能逃脱法律原则这一"如来佛的手掌心"。但是,法律原则的确切面目,总是或暗或明、若隐若现的。

第三,在适用过程上,基于法律原则的第二个特点,相对于法律规则的明确规定性、明晰可操作性,法律原则在适用上具有较强的弹性解释性、实践困难

---

① 该问题将在后面"法律责任"专题中,予以进一步展开论述。

② 张文显主编:《法理学》(第五版),高等教育出版社 2018 年版,第 120 页。

性。法律原则的高度思辨性色彩，以及缺乏清晰的"二段论"逻辑结构，使其在具体个案法律适用中常以间接方式发生作用。这和法律规则的"白纸黑字、即插即用"之固有特性是迥然不同的。

第四，在适用方法上，相对于法律规则的非此即彼性，法律原则具有较强的辩证取舍性。而鉴于法律规则的清晰明确性，其在适用中总是遵循全有全无的方式来进行的。换言之，如若适用 A 规则，就必然要排除适用 B 规则，而一般不存在同时适用两种不同法律规则的情况。例如，消费者因为购买某型号高压锅后，在使用过程中因高压锅非人为因素爆炸导致伤亡，则受害方既可以依据《民法典·合同编》要求销售者承担合同责任，也可依据《民法典·侵权编》要求生产者、消费者承担产品侵权责任等。但这种基于"法条竞合"而导致的双重责任之可能，受害者也只能择其一行使，而不能同时主张两种不同的责任诉求，来获得双重赔偿。而所谓辩证取舍性，作为一种特定的法律方法，是指在法律推理中，不从固定概念、规则出发，而是对各种价值、利益、政策进行综合平衡和选择，考虑各方因素，得出最优结论。①

六、案例：以《刑法》第五条为基础的展开

下面我还是以一个实例来具体说明法律原则发生作用的方式。《刑法》第五条规定：刑罚的轻重，应当和犯罪分子所犯罪行和承担的刑事责任相适应，即刑法理论中的罪责刑法相适应原则。该原则通俗来讲，就是指犯罪主体最后承担的刑罚后果，要和其犯罪行为造成的社会危害以及承担刑事责任的大小这两者间形成正比例关系。我们用刑法中的犯罪构成要件一般理论来依次说明这一法律原则的适用方式及其依据理由。

第一，从犯罪主体来看，行为人是否具有特定身份，是某些犯罪的加重情节。② 例如，在诬告陷害罪中，具有国家工作人员身份的主体犯本罪，应从重处罚。其理由在于，行为人如具有国家公职人员身份，不仅在职务上、技术上更加

① 参见张文显主编：《法理学》（第五版），高等教育出版社 2018 年版，第 299 页。
② 此处因当前知识结构限制，读者可能对究竟何为"加重情节"一类法律概念不太了解。在此阶段，大家可将注意力集中于法律原则适用方式本身的宏观问题，而忽略这些技术性、细节性的微观问题，下同。

具有犯本罪的便利性条件，而且造成的社会危害性也更大。因其侵犯的法益不仅局限于受害人的人身自由、事业前途，更扩展到了国家机关职务活动的整体廉洁性，损害了党和国家、各级政府、司法机关以及其他国家机关形象、活动的权威性和正当性，当须予以严肃对待、严厉打击。

第二，从犯罪客体来看，犯罪行为侵犯的社会关系及其附属法益，是导致同一行为、不同处罚的重要原因。例如，一般性抢劫和抢劫银行金融机构，量刑方面差异较大，即后者本身即为前者的加重情节。其理由在于：一般抢劫侵害法益仅为个体的人身权利和财产权利，而抢劫银行金融机构侵害法益则扩展为不特定公众的存储资金，以及涉及损害国家的金融监管秩序。

第三，从主观方面来看，实施犯罪行为时所持的不同主观心理状态，自然也会导致定性的差异，并进而影响到最后的刑罚结果。例如，同样一个伤害行为，行为人故意做出和过失做出的法律行为其后果就极其不同。故意，是指积极追求或明知放任；过失，是指疏忽大意或过于自信。两者间本质差异，即在于行为人实施伤害行为时针对损害后果的根本态度——前者是追求，后者是反对。因此，这种主观恶性的区别，自然也会反映到结果的定罪量刑上来，即一个成立故意伤害罪，一个成立过失致人重伤罪。即便后者造成的实际伤害程度可能重于前者，但在刑事责任、刑罚上可能仍旧较轻。

第四，从客观方面来看，犯罪行为的手段、方式也对定罪量刑影响甚大。例如，同样一个杀人行为，双方因琐事激惹、情绪失控导致的激情杀人和素有积怨、预谋已久且手段残忍的蓄意杀人，甚至肢解杀人，其性质自然也是不同的。前者可能被判处死缓而留有一命，后者却常难逃一死。

七、法律原则的分类

在本讲最后，简要谈一下法律原则的分类问题。在主要几种需要掌握的分类标准——产生基础、覆盖面及内容中，除了学界通行的覆盖面和内容标准外，笔者认为就中国特色国情而言，法律原则的产生基础是一个更值得我们去关注的重要性问题。在该标准下，可将其分为政策性原则和公理性原则。其中，政策性原则尤其值得我们注意。其理由在于，中华人民共和国作为中国共产党所领导的社会主义国家，党的政策本身在法律原则的产生基础方面，占有较高的权重，扮演了重要的角色。在政治实践中，执政党总是通过各种方式，将其政策上升成国家意志，贯彻到法律制度，落实为法律原则。例如，习近平总书记在党的二十大报告中提出，坚持依法治国和以德治国相结合，把社会主义核心价值观融入法治建设、融入社会发展、融入社会生活之最新论断，即是一个典型例子。在此背景下，全国各地各级人民法院开展了一场轰轰烈烈、声势浩大的通过将社会主义核心价值观融入司法裁判，以体现坚持依法治国和以德治国相结合的方式要求热潮。基于此，最高人民法院继而下发了《关于深入推进社会主义核心价值观融入裁判文书释法说理的指导意见》的通知，从基本原则、主要目的、具体方法、案件类型等各个方面进行了明确规定。① 此过程，恰好体现了从党的政策到法律原则转化的一般路径。而公理性原则，则一般是指同执政党在不同历史时期的政策没有必然因果关系，带有一定恒定性的"普世性"法律原则。例如，《宪法》第二条规定：中华人民共和国的一切权力属于人民，便是国际通行宪法理论中的人民主权原则在中国宪法文本中的一种反映。

此外，还有一些法律原则的其他分类值得引起注意。例如，以覆盖面或主要内容为标准，将其划分为基本原则、具体原则，或实体法原则、程序法原则等。这些都是根据法律原则所属的根本法或部门法来进行的原则归类。

---

① 参见中华人民共和国最高人民法院官方网站。

第六讲　法的渊源和效力

提要： 法的渊源和效力，是初学者不易把握的一对概念。对于前者，人们常易将其同惯常意义上的"历史渊源"相互混淆；对于后者，在脑海中建构起法同行为之间的相互作用关系，对人的抽象思维能力之运用亦是一种考验。在学习时，须将两者结合起来，通过建立"形式—内容"理论框架来予以理解。一言以蔽之，法的渊源作为法之效力的外部形态，是从表层意义上理解法现象的载体和基础；法的效力作为法之作用的根本内核，是从深层意义上分析法功能的关键所在。此外，从学科交叉上，还可借助物理学中的"时间—空间—人"的三位一体架构，从不同维度解构法之效力发生作用的基本过程，从而为后续分析法律问题、将来从事法律实务工作打下坚实基础。

关键词： 渊源；效力；三位一体；时间；空间；人

一、从渊源到法律渊源

法律渊源，是一个同我们在日常生活中所理解的"渊源"概念，具有一定联系和区别的概念。甚至在某种程度上，后者会对我们理解前者的真正含义造成一定程度的干扰。其原因在于，日常生活中人们对于"渊源"的理解，多是站在纵向历史角度，去探究某一事物或现象的历史由来，即所谓"历史的渊源"问题。法律渊源恰好与之相反，主要是从横向角度追寻具有法律效力表现形式的问题，即指法的形式渊源。此一点，是我们理解法律渊源的关键所在。同时，也是初学者易于感到模糊和困惑的地方。

为帮助大家进一步厘清这一概念，首先需要对法学领域对于法律渊源的解读，做一简要介绍。综括而言，有这样几种理解法律渊源的不同角度。其一，历史渊源说。该说主要是以历史文献材料为载体，来研究法律历史发展之现象和过程，并试图找出其背后的基本规律。换言之，它是从历史角度来研究法律的一种具体表现。这同前面提到的人们从日常生活角度来理解渊源这一概念，在方法论上是一脉相承的。其二，理论渊源说。该说主要探寻包括但不限于法律概念、法律规则、法律原则、法律制度等法律现象背后的理论基础。在导论部分曾讲过，法理学这门课在研究对象和研究方法上，便是以法律现象背后的本质规律为主要任务。换言之，也可将其视作理论基础的表现形态之一。其三，效力渊源说。这就是刚才所讲的，我们理解法律渊源的真正落脚点，即：法律渊源是指法的效力渊源，其内核，是法律效力；其外观，即为法律渊源。其四，本质渊源说。关于此说，由于在前面讲法的阶级本质中，已经谈过，就不再赘述了。

二、法律渊源和法律效力的比较

鉴于如欲达致对于法的渊源的深度理解，借助法律效力这一参照不可或缺。所谓法的效力，是指法所具有的对于人之行为及其社会的现实调整力、强制约束力。它是法之所以成为法，或曰我们需要法律的根本目的所在——法通过对于社会效果意义上人之行为的调整，建构某种秩序，实现公平正义。而法的渊源，则是这种根本目的、作用赖以发挥的具象化载体。因此，它们之间的主要差异主要体现在以下几点：

第一，在自身性质上，前者是载体、符号和象征，后者是根本、内核和实质。打个形象比喻，就好比人感到饥饿时需要进食一样，这种基本生理需求的满足，就是其根本目的。至于具体进食吃什么，则是一个载体问题。这里，食物类型对应了法的渊源，欲望满足则对应了法的效力。它们彼此之间，类似于哲学层面的形式同质料之间的关系。

第二，在表现形态上，前者是可变的、多样的，后者是相对稳定的、不变的。法有效力，是人们创制法律所期望达到的永恒目标。至于借助什么法律类型、表现形式达到这个目标，则是一个技术层面的次要问题。

第三，在产生顺序上，前者是后发的，后者是先在的。人类自结群以来，就必有调整其群的规则体系。在法律发展早期，虽然这种规则体系往往是以原始习惯、惯例等形式来存在的。但无论如何，就社会治理层面观之，其必要条件即是法要有效力。否则，群本身即会走向瓦解，而陷于一种霍布斯笔下所描绘的"人人互害"的丛林状态。满足此前提下，再谈具体的效力表现方式的问题。

第四，在作用对象上，前者是间接的，后者是直接的。在"法—行为"的基本作用场域中，直接作用于行为的是效力，而非渊源。这就好比一个人物理击打另一个人，击打本身是一个效力的发生问题，而采取什么方式、方法击打，则是一个渊源的外观问题。

三、法的渊源之类型

从大类来看，法的渊源类型一般可分为两种，成文法和不成文法。其中，成文法在日常生活中较常见。至于说究竟有哪些成文法的表现形式，大家可以提前参照《立法法》，上面有较详尽的规定。① 但须指出的是，《立法法》中所提及的法律渊源表现形态，仍然还是仅限国内法的范畴。反之，还有一类较特殊的法律渊源表现形态——国际法，易于为初学者所忽略。在目前阶段，大家只要牢记国际法也是法律渊源的另一重要组成部分即可。

这里还要重点跟大家强调的是不成文法，常见的不成文法主要是指习惯法和裁判法。其中，习惯法是对某种习惯法律地位的事后追认。例如，在中国民族区域自治制度中，对于某些自治地方民族中所独有的习惯，② 以地方性法规形式部分或全部确认其法律地位和效力。又如，在中国现行婚姻法律制度中，以法律解释形式所建立的关于"彩礼返还"的规则，本身也是对"彩礼"这一古老习惯的法律化之过程。此外，还有一种较特殊的不成文法，即裁判法。所谓裁判法，一般是指存在于英美法系中的"法官造法，遵循先例"传统，即在某一类型的案件中，如果前案法官已作出某判决，则后案法官则应大体遵循前案法官在该案中的基本思路、论证过程和判决结果来进行审理、判决。但是，有一点需要提请注意，即在中国的司法实践中，是否也存有一定程度裁判法色彩的问题。事实上，作为一种法律技术方法，类案之间的相互比较、借鉴，在法律实务中是不可避免、不可

---

① 依据《立法法》，常见的法律渊源表现形式有宪法、法律、行政法规、单行法规、地方性法规、规章等。

② 这种习惯，多以民事习惯为主。

或缺的。正因为此，最高人民法院每年都会出版案例指导合集，来对地方各级人民法院的审判工作提供指导和帮助。尽管这是否可以被视作中国特色的准裁判法制度，理论上存有争议，但作为一个法律常识，裁判法(或准裁判法)在国外、国内适用的基本情况，大家是需要有基本的了解和认识的。

至于说关于成文法和不成文法的划分标准问题，大家需要注意的是不要被它们彼此的字面意思所迷惑，即认为成文法是指以文字形式表达的法，不成文法则是指非以文字形式表达的法。须知，法律作为一种抽象性规则，如果它不用文字来表达，又该用什么方式来表达呢？这个道理，只要略用理性去思考，便知其谬误性。因此，据以区分两者关键的，并非是否用文字来表达，而是是否用"系统性"的文字来表达。何谓"系统性的文字表达"，例如，常见的法律渊源表现形式多以法典为载体。而一个成熟的法典，一般则具有从总则到附则的篇章体例结构。以《宪法典》为例，即有序言，总纲，公民的基本权利和义务，国家机构，国旗、国歌、国徽、首都五个部分，构成一个有机联系的整体，此即所谓"系统性表达"的题中应有之义。反之，"非系统性表达"一般是指某一规则是以零散的方式来设定和存在的，较少具有完整的结构依存性。前文所举的"彩礼规则"，即为此例。

此外，还有一些其他的法律渊源分类标准，需要了解。例如，其一，调整关系，即根据法律渊源所调整的社会关系是否平等，将其分为以调整不平等法律关系为基础的公法和以调整平等法律关系为基础的私法。其二，创制主体、适用对象，即前文所提及的国内法和国际法。国内法一般是指由一个国家(地区)所制定，适用范围仅限该国(地区)的法律渊源表现形式；国际法是指一国单独或跨国协商制定，其适用范围为国际交往中的国家、地区、国际组织等相互之间的法律渊源表现形式。其三，效力等级、基本内容和制定程序，此即之前讲到的宪法同基本法律的分野，在此还是不赘述了。其四，适用范围，即一般法和特别法。前者是指适用于一般人、一般事并具有普遍约束力的法律渊源，后者是指适用于特定人、特定事并具有特定约束力的法律渊源。例如，《民法典》同《公司法》即是一典型。两者皆有调整平等主体财产关系的内容，但后者相对于前者而言，无论是公司同股东的内部关系，还是公司同其他机构的外部关系，则都具有特别法的色彩。

四、法的效力同法的实效比较

在了解了法的渊源后，我们可以进一步展开对于法的效力的学习。在这里，要引入一个新的概念：法的实效，即以法的实效为参照，帮助大家更好地理解法的效力。何谓法的实效，简而言之，是指法在创制颁行后，在具体实施过程中的实际效果。法的效力同法的实效之间的差异，主要体现在：

第一，性质上，前者是法之所以为法的基本功能、根本价值之所在。换言之，人类社会需要法的根本原因，就是希望通过发挥其效力，来建构并巩固某种秩序。后者是法在现实中的作用测评，是考察纸面状态的法多大程度上在实践中得到了落实。

第二，分类上，前者是立法者的主观期待，具有较强的主观因素和理想色彩。后者是法律实施的客观结果，具有较强的客观因素和实证依附。而这两者之间在现实中，往往总有一定的距离。

第三，范畴上，前者属于应然，即指应该、应当是什么样。后者属于实然，即指实际、现实是什么。这也是我们法学专业学生所接触的第一个关于"应然—实然"的法哲学之基本范畴。

五、法的效力范围

关于我们该如何理解法的效力范围的问题，同样可以借助物理学中的万有引力定律来理解——依据人类认知的现有边界，任何物体和物体之间的作用力都是存在于由时间、空间所构成的，从平面到立体的三维空间之内的。① 与此同理，法对于人之行为的作用力也是遵循类似框架，即这种作用力也是存在于一个特定的时间、空间范畴之内的。同时，在某一特定时空范围内，基于作用对象，即人本身的不同情况，最后的作用结果可能呈现出不同的面相。换言之，"时间、空间和人"构成了我们理解法的效力范围的一种准"三位一体"式的基本理解框架。

---

① 科学家虽然提出了关于四维、五维乃至多维空间的猜想，但截至目前，仍较缺乏充分证据的支撑。

以此为基，可将法的效力范围依次概括为时间效力、空间效力和对人的效力。法的时间效力，是指法何时生效、何时失效，以及对生效以前的行为是否具有溯及力的问题。法的空间效力，是指法在哪些空间、地域范围内有效。法的对人的效力，是指法对何种身份的人有效。这里的身份，主要是以国籍作为主要的判断标准。下面逐一分述之。

（一）时间效力

法的时间效力包括，其一，生效问题。根据我国现行立法实际，一般可分为三种。一是公布之日起即生效，如《中国共产党党内监督条例》第四十七条规定：本条例自发布之日起施行。二是公布后确定某一特定时间生效，如公布于 2020 年 5 月 28 日的《民法典》第一千两百六十条规定：本法自 2021 年 1 月 1 日起施行。三是公布后符合某一条件时方生效，如原《中华人民共和国企业破产法（试行）》规定：本法自《全民所有制工业企业法》实施满三个月之日起试行。

上述几种不同的生效情形中，实践中以第二种较常见。究其原因，不难理解，即法律在新颁后，总需要留给社会一定的消化、学习和吸收的时间。正因此，《民法典》从公布到施行，间隔了半年之间。在这半年之中，在党中央、习近平总书记的推动、部署下，全国上下掀起了一股轰轰烈烈的学习《民法典》、开展相关普法宣传教育的热潮，从而为其顺利实施奠定了坚实的基础。第一种情况，作为党内法规体系建设实施过程中的常态，则在一定程度上体现了中共中央深入贯彻依法全面从严治党的基本要求，因此在新法施行上是即刻厉行、毫无松懈。第三种情况，是在法治建设的早期存在过的一种特殊状态。在该特殊历史时期，因为社会主义法治体系还有待进一步完备、完善，从而导致部分法律法规的实施往往需要依赖其他法律法规的实施作为条件和保障。

其二，失效问题。其可分为四种情况，一是新法明确规定旧法废止，如《中国共产党巡视工作条例》第四十二条规定：本条例自 2015 年 8 月 3 日起施行。2009 年 7 月 2 日中共中央印发的《中国共产党巡视工作条例（试行）》同时废止。

二是完成历史任务后不再适用，如 1951 年由中央人民政府颁布的《中华人民共和国惩治反革命条例》，即是中华人民共和国在成立初期，为了巩固新生人民民主专政政权需要，所颁布的旨在以"惩治反革命罪犯，镇压反革命活动"为主要目的专门性法规。该法规的出台，带有较强的时代性特点，即在中华人民共和国成立肇始，中国大陆还存有大量的以反革命特务、间谍组织、封建会阀等为代表的反动势力，对于红色政权极其敌视，并随时准备伺机而动、将其推翻。因此，有必要出台以此专门法规为"镇反运动"提供法律依据。而在1956年社会主义三大改造完成后，剥削阶级作为一个整体已经不复存在。所以，该法规自然也已完成其历史使命，其实质已经失去存在的社会基础，从而归于无效。①

三是有权国家机关发布专门决议、决定废除。如2019年12月28日，全国人大常委会发布《全国人民代表大会常务委员会关于废止有关收容教育法律规定和制度的决定》。同理，早在2013年12月，劳动教养制度也是遵循同样的路径被予以废除。实质上，这也是国家立法权直接行使法律法规立、改、废过程中的不可或缺之一环。

四是新法直接代替旧法。如1993年到2018年《公司法》历经四次修正。每一次修正，其在内容上皆有创制新法之意。换言之，"旧的瓶子"里已经持续不断地添加了"新的酒"。这种类似于我们在操作电脑时的基于同一文件名下的更新、复制和粘贴行为，即可视作实质意义上的"新法"代替"旧法"的典型例子。

此外，在法的时间效力中，还有一个关键性问题：法的溯及力。简言之，法的溯及力即是处理"新法"和"旧行为"之间效力关系的法律原则。以此为基础，该规则约有以下几种具体表现形式：

第一，新法无效力，即从旧原则。在此原则下，新法针对其颁布以前的法律没有法律效力。换言之，旧行为适用旧法，新行为适用新法。

第二，新法有效力，即从新原则。新法针对其颁布以前的法律有法律效力。换言之，旧行为适用新法，新行为也适用新法。

第三，在追究旧行为法律责任时，比较新、旧两法中哪个责任承担较轻的适用，即从轻原则。换言之，旧行为不一定适用旧法，有可能适用新法。

第四，在追究旧行为法律责任时，原则上适用新法，但如适用旧法对被追究人较有利的除外，即从新兼从轻原则。换言之，旧行为一般适用新法，除非旧行为适用旧法对其较有利。

第五，在追究旧行为法律责任时，原则上适用旧法，但如适用新法对被追究

---

① 需要指出的是，该法规在1987年虽系由全国人大常委会针对1978年以前所颁法律集中清理而正式宣布失效，但实际上，其法律效力早已不存在。

人较有利的除外，即从旧兼从轻原则。换言之，旧行为一般适用旧法，除非旧行为适用新法对其较有利。

从国际惯例来看，在处理法的溯及力问题上，一般国家和地区都是适用的第五个法律原则，即从旧兼从轻原则。其理由在于，在某一特定时空条件下，调整人之行为的法律应当是唯一的。换言之，该时空条件下的个体，只能以"此时此刻"的法律作为依据和标准，据以确定自身的行为规范准则。此即从旧原则优先适用的首要原因。换言之，一般情况下，国家不能用今天的法律去要求人们改变昨天的行为。否则，处于"昨天"时空条件下的人们，当"旧法"随时可能存在被"新法"取代的危险之时，实际上是将其处于"无法可依"的法律虚置化状态的。无论是从立法的诚信角度，还是从依法治国角度，皆是无法逻辑自洽、自圆其说的。当然，该原则的例外情况，即追究法律责任时对被追究者较有利的新法优先适用原则，则在很大程度上体现了尊重和保护人权的国际通例、普世价值。这一通例、价值，则是主要体现于刑事诉讼领域中对于犯罪嫌疑人、被告人的诉讼权利之保障上。

(二)法的空间效力

从横向角度，大体上可将法的空间效力分为"域内""域外"两个部分。这里所称之"域"，通常是指一国(或地区)司法主权的范畴。关于法的域内效力，又可将其分为全国有效和局部有效两种。在全国有效的范畴内，需要注意的是"全国"的范围，不仅包括领土、领水，还包括地图、船舶、航空器及驻外使领馆等。虽然现在大家还没有正式开始学习国际公法，但作为一种法律常识，还是需要对此有一定的了解和认识的。尤其是船舶、航空器，特别是驻外使领馆，往往会被视作一国国土范围的虚拟、有效延伸。

在局部有效的范畴内，以现行《立法法》为例，则主要是指地方性法规、特别行政区法规、自治条例等法律法规的效力范围。比如，武汉市人大颁布的地方性法规，其效力范围一般只涵盖本市行政区域范围之内；香港特别行政区立法会颁布的法律，其效力范围也仅限于其行政区域范围之内；新疆维吾尔自治区人大颁布的民族自治条例，其效力范围同样也是在该自治区范围之内。在某种意义上，其都是中央、地方立法权限纵向划分在横向效力层面的体现和反映。

关于法的域外效力，因其关系到一国司法主权，所以在效力范围上一般是需要受到限制的。换言之，依据一般常理推断，法是不具有域外效力的。但有两个例外情况，是同后面所讲的对人的效力有一定关系。其一，至少对于中国法律而言，某些具有特定身份的主体如国家公职人员，即便身处域外也应当受中国法律调整。换言之，类似于"黄、赌、毒"等可能在域外被合法允许的行为，国家公职人员出境后也是不能触碰的，中国法律始终保留了追究此类违法行为法律责任的可能性和必要性。当然，这种责任追究一般是以其回到国内为条件的。其二，在国际交往领域，一国变相承认另一国的法律适用效力，往往是以相互之间签订条约或协定为基础的。例如，中国公民在出国留学、探亲访友、公务外出以及工作等过程中，向目的国所提交的表格中往往会有学历水平、婚姻状况等内容的描述。当这些状态被目的国所承认，实质上即代表该国对依据中国法律产生状态的承认。换言之，就是对中国法律效力的一种域外认可。这种认可，是以中国和该目的国就学历互认、婚姻互认等内容基于对等原则下，签订条约或协定的结果。而这种条约互认、司法互助，在刑事领域的追逃贪官过程中，也得到了一定的体现和反映。当然，非条约协定下的事实追究不能，并不代表中国法律就完全彻底放弃了这种追究的可能性。例如，在刑事责任追诉领域，《刑法》第七条规定，中华人民共和国公民在中华人民共和国领域之外犯本法规定之罪的，适用本法，但是按本法规定的最高刑为三年以下有期徒刑的，可以不予追究。该条可视作中国法律针对除特定身份以外的中国公民域外效力进行有条件追究之一特殊情况。

(三)法对人的效力

根据前述二元论的基本框架，法对人的效力也可将其分为两种主要作用对象：本国人和外国人。其中，外国人严格来说还包括有国籍人和无国籍人。以此为基础，可将其划分为处理法对人效力的几个基本原则：

第一，属人原则。只要具备一国国籍，在其一生中就一直受到该国法律调整，而不论其身处何地、何方。这就跟《西游记》中的孙悟空，无论再怎么翻筋斗也逃不出如来佛的手掌心，是一个道理。

第二，属地原则。行为人在哪国(或地区)实施的行为，就受到该国(或地区)法律的调整。正如中国俗语所言：人在屋檐下，不得不低头是也。

第三，保护原则。无论本国人身处何地，只要其遭受他国人的侵害，该国法律就可以本着保护本国人利益的基本出发点，对侵害者具有法律效力。换言之，这就是所谓"长臂管辖"的一种具体形式。

第四，折中原则。即以属地原则为主，属人原则和保护原则为辅。在确定行为实施的法律调整依据时，首先以该行为发生地的法律为准，其次再综合考虑行为人的国籍以及权益可能受侵害的其他情况。

实践中，世界各个国家、地区多采取折中原则处理法对人的效力问题。其理由在于：其一，属人原则同司法主权明显冲突，且不具有现实可操作性。通常情况下，本国人在国外所实施的行为，一方面是否依据所在国法律判定为违法即存疑；另一方面，本国司法机关一般也难以实施跨境执法或其他司法行为。除非，这两国之间签订有前述的条约或协定。① 其二，单纯的属地原则不能起到对前述具有特定身份主体的行为规制，从而对国家公职人员职务活动的廉洁性可能造成影响和损害。其三，保护原则同样和司法主权存有冲突，从而带有较强的理想化色彩。所以，折中原则逐渐成为业界主流、国际惯例。盖因其既能尊重国家司法主权之范围，又能在一定程度上规范了特定人群域外行为，保障了本国公民的合法权益。

因此，中国法律处理对于人的效力问题，也在大体上遵循了这一思路和方法。其一，对于中国人。中国境内，当然一律适用。中国境外，或者依据其特定身份，当然适用；或者依据相关国际条约、协定有条件地适用。其二，对于外国人（含无国籍人）。中国境内，当然一律适用（享有外交特权者除外）②；中国境外，外国人如侵害中国人合法权益的，则是有条件地适用，即需要满足依据中国刑法判处三年以上有期徒刑，同时依据行为国法律也构成犯罪两个条件。

最后，法的效力还有一个关于不同法律渊源彼此之间的效力等级问题。即它们相互之间发生冲突时，何者优先适用。考虑到这一部分内容在《立法法》中已有明确的规定，而立法学又是从属于宪法学的三级学科。所以，这个问题就留待同学们学习宪法学、立法学时再去系统学习。在法理学教学环节，这部分就此略过，特此说明一下。

---

① 近年来，中国针对藏匿于缅甸的电信诈骗团伙实施跨境抓捕，将其引渡回国和接受审判，多采此类方式。

② 依据国际惯例，该外交特权者范围主要包括驻外大使、领事及其共同生活的配偶、子女。

第七讲　法　律　关　系

提要：关系，不仅是日常生活中的一个重要概念，同时也是法理学、法学学习中的重要概念。何谓关系，从形式上看，指的是一种"主体间性"的状态。主体本身，构成了理解关系范畴的基本框架。从内容上看，填充其间的则是以权利、义务和责任为主要的连接纽带。通过这些纽带，立法者在一个个法律关系的设计中，借以实现某种"法益"的具体分配过程及其结果。可以说，如若没有法律关系，法律本身的存在，也就"皮之不存，毛将附焉"了。同时，法律关系也不仅只是一种纯粹的概念。当抽象意义上的法律关系被创设出来后，如何在现实中得到施行，则是从法的创制到法的运行过程中不可或缺的关键一环。从初学者角度来看，则可以借助现实生活中的"人—人"关系，来理解法律意义上的"主体—主体"关系。其理由在于，任何法律关系背后，其实质皆可还原成现实中的"人—人"关系范畴。这也是我们从另一个角度和侧面，去深刻感悟法律实际上是一种有组织的生活方式安排之题中应有之义。

关键词：社会关系；法律关系；利益分配

一、从社会关系到法律关系

法律关系是法学知识体系中的一个核心关键概念，是我们从形式上理解纷繁复杂、千变万化的法律现象的基础。所有的法律渊源的表现方式，从结构上还原，都可将其视作某一特定类型的法律关系。大家将来从事法律实务工作，其实质上也是围绕不同的法律关系来展开的。从来源上看，法律关系实际上就将社会关系中的部分内容沾染上了法律色彩，从而赋予了其特定的法律意义。因此，鉴于法律关系同社会关系之间的"紧密关系"，需要首先以社会关系为参照来理解法律关系，即进行法律关系和社会关系的比较研究。本书认为，它们彼此之间的主要差异有以下几点：

第一，系属关系上，社会关系是母体先在，法律关系是子体衍生。如前所述，任何法律关系都是从社会关系中提炼、抽象出来，将其放入法律这个"容器"之中，赋予其法律上的价值和意义。所以，社会关系永远是法律关系产生的源头和依据。而法律关系，则是社会关系的析分和创设。此一点，是我们理解从社会关系到法律关系的总体基础。

第二，产生方式上，社会关系是客观形成的，法律关系是主观建构的。自从人类形成社会状态以来，自古到今，社会关系都是客观存在的、不以人的意志为转移的。正如马克思所言，人的本质就是社会关系的总和，即每个人实际上都是活在以自己为中心所形成的种种社会关系状态中，没有人能够真正地、完全地、独立地、绝对地孤立存在。法律关系则是以权利、义务和责任为主要联结点，人为地在社会关系中构建出了一种相对抽象的关系，或曰之人为设定了某种特定的程序。这种程序因其所固有的、天然的价值判断色彩指引具体利益的分配，从而总是具有较强的主观性色彩。

第三，涵盖范围上，社会关系是最广泛的，而法律关系只是其中之一部分。这是从社会关系、法律关系彼此之间隶属关系自然推导演绎的必然结果。

第四，发展趋势上，社会关系同法律关系之间的交集有日益扩大的倾向。社会关系同法律关系的交集，其实质是指法律调整的范围的不断扩大，即将以前不属于法律所调整的社会关系，逐步纳入法律调整的范围和空间。此一点，也是同当下新时代全面推进依法治国的要求、路径相契合的，即将过去依法治国的"非全面"的状态，逐步推进到相对"全面"的状态。例如，在相当长一段时期内，以红头文件形式存在的政府规范性文件一直没有被纳入合法性审查的范围之中，而常难抑制"权力任性"的固有冲动。如今，随着中国法治政府建设水平的不断提高，各地司法行政部门已经开始将其纳入合法性审查的工作重点之一，并对各级人民政府在此方面提出了具体的考核要求。"将权力关进制度的笼子里"，不仅是一种法治理想，也是正在发生的现实。

第五，终极判断上，社会关系和法律关系的界限仍然存在，而且必将永恒存在。换言之，一个国家法治化水平再高，也不可能将所有的社会关系全部纳入法律调整的范围和空间。这既没有必要，也不具有现实可行性。例如，大家可以设想一种情况，即将日常生活中的恋爱关系也用法律来调整，颁布一部《恋爱关系行为法》，严格规定恋爱中的男人、女人在恋爱活动中，必须经过的方式、程序和步骤，以及在每一阶段中各自的权利、义务和责任。稍微逾越，就要受到法律的惩罚。想必任何一个具有正常理智的人都会觉得，这是十分荒诞可笑的。毕竟，恋爱的方式、方法和步骤，实际上是每个人的私事，它代表了个体在私人领域的一种自由的向度。如果在每一个这样的私域空间内，都有代表国家权力的法律来介入和调整，实质上便体现了公权力的触角真正伸入了社会生活的方方面面。这样一来，个体便再也没有行使私权的任何之可能。自由本身，也便因此而消弭于无形了。而如果没有对于自由的保障，所谓法治，也就没有存在的意义和价值了。

二、法律关系的基本特征

第一，前提是依法建立。如前所述，任何法律关系都是社会关系同法律规范发生作用后的综合结果。尽管社会关系是建构法律关系的基础，但仅有社会关系是远远不够的。如果没有法律规范这一中介环节，社会关系将永远停留在"自为状态"，而无法上升到法律上的"自觉状态"。唯其被法律所沾染、加工后，社会关系才得以脱胎换骨，嬗变为具有法律意义的新型关系。因此，所有法律关系建立的前提，皆是以法律作为其存在和发展的前提和基础。

第二，动因是人为拟制。从某种意义上，任何法律制度都是人为建构的结果。在制度中，都蕴含了立法者的价值判断和主观期待。这一点，是我们深刻理解所有法律制度内核之法律关系的基石。或者从一个更广延的意义上，这也是我们理解个体所处社会层面现象的基石，即任何个体都是身处某一特定社会环境之中，而不同社会环境的差异在很大程度上，是由不同的法律制度所塑造。所以基于这些法律制度所固有的人为主观色彩，实际上，每个个体所处的现象界，其人为主观性（或程序设计性）都是无处不在的。

第三，框架是主体之间。从形式意义上，任何法律关系都体现为主体和主体的二维关系，乃至多维关系。换言之，我们要在脑海中形成"主体—主体"的基本框架，作为理解法律关系的基本范畴。主体是一个共相概念，至于说主体的具体表现形态，则又可分为自然人、法人、国家及其他组织等。但最重要的是，我们在学习法学、法理学和法律关系中，一定要牢牢把握住以主体为基础来建构相关知识体系。

第四，内容上是权利义务。在法律关系中，仅有"主体—主体"的框架是不够的。更重要的是，这个框架里的实在填充物。换言之，主体和主体之间的关系，是要通过具体的连接点来得以构建和实现的。这种实现的方式，就是权利和义务。某一法律关系之所以存在，即首先因为它能满足其中某一主体，通过行使权利获取法律上承认或保障的利益。反之，另一主体履行义务也是为了配合这种主体利益需求能够得到实现。如果离开了这个根本所在，法律关系就失去了其存在的意义和价值，而沦为了一种无源之水、无本之木。

第五，保障上是国家权力。这是前面所讲法是以国家强制力为其保障手段的规范（规则），在法律关系领域的自然衍生、逻辑推导。其实质上体现了法律关系中的主体如果欲使自身"行权获利"真正得到实现，仅把希望寄托于义务人的自觉配合，往往是靠不住的。人之本性，皆有其自私自利的一面。即便在存有国家强制力的情况下，尚且常会有人故意违法。因此，如果失去了国家强制力，其结果如何则是可想而知的。所以，在很多时候，暴力，尤其是合法的暴力，对于一个政治共同体的政治、法律秩序之建立、维持和巩固，通常是不可或缺的。

第六，形式上是秩序生成。法律关系，实质是人和人之间的关系状态在法律上的体现和反映。当构成社会基本单元的"人人关系"中，每个个体皆能按照法律所配置的权利、义务去行使和履行，理论上自然可以达到立法者所期待的那种应然状态。这种状态，就是一种秩序的状态，即社会关系在法律的指引和导向下，呈现出一种一致性、稳定性和确定性的和谐面相。这种理想面相虽然在理论上不可能百分百形成，但是仍然值得我们每一个人去为之努力追求、尽力实现。

第七，实质上是利益机制。法律关系更具体来讲，是一种利益分配的机制。这就要回到政治同法律之间天然紧密的亲缘关系，去理解这个问题。在导论中讲过，作为上层建筑中的两个重要部分。政治主要解决的是公共权力之来源，以及如何用公共权力去分配公共利益的问题。法律主要解决的是用一种制度化、体系化，乃至技术化的方式，将这种利益分配机制用权利、义务和责任得以实现。每确立一个权利边界，设置一个义务保障，其实质就是针对权利主体所应享特定利益的确认、维护和巩固。这种利益，常是以"法益"的形式来呈现的。①

第八，本质上是物质条件。这是马克思主义基本原理中的物质决定论、经济决定论在法律关系领域的逻辑推导。既然经济基础决定上层建筑，那么，作为上层建筑中的核心利益分配机制的法律关系，由同一经济基础所决定自然也是顺理成章、理所当然的了。当然，近年来有法文化论者提出在一定条件下，上层建筑、具体制度的选择并不完全遵循经济决定论的推理逻辑，而在很大程度上受到该群体经由历史传习而来并沉淀于当下的价值观念形塑的影响。换言之，观念的主观影响有时甚至比经济上的客观影响还要大。对于这个问题，我们将在后面的专题中，作进一步阐述。

三、法律关系的主要类型

第一，以存在状态是否具体为标准，可将法律关系分为抽象法律关系和具体法律关系。抽象法律关系是指法律关系的纸面存在形态，或曰之立法者的理想设定模式。具体法律关系是指法律关系的现实落脚载体，或曰之法律本身的实际运行方式。前者主要是指依据法律文本所建构的法律关系之理论状态，后者主要是指法律实务中依据法律并依托具体的纠纷、案件，在法律关系参与者之间基于纠纷处理、诉讼活动而形成的生动、鲜活的法律运行实际状态。区分抽象法律关系和具体法律关系的主要意义在于把握这两者之间并非总是具有同一性、同构性。换言之，"纸上得来终觉浅，绝知此事要躬行"。此亦即前面所言之法的效力和法的实效之间差异，在法律关系领域的体现和反映。沿此理路，如前所述，该如何将纸面意义的法律转化为现实生活中的"活法"，以尽量使得立法者的主观预期得到实现，则需要在法的实效领域进行科学的测评。

第二，以义务主体是否特定为标准，可将法律关系分为绝对法律关系和相对法律关系。前者是指义务主体不特定，即除权利主体外的所有人。后者是指义务主体特定，即一定范围内的数人或一人。所有权法律关系就是一种典型的绝对法律关系，在该法律关系范畴内，除所有权人以外的所有其他主体，皆负有不得妨碍其针对特定标的物行使占有、使用、收益、处分之权能的义务。因此，其又被

---

① 这个问题，在后文将会进一步展开论述。

称为"对世权"。合同法律关系则是一种典型的相对法律关系,在该法律关系范畴内,合同当事人各方同享权利、同负义务。其范围、对象皆具有特定的指向性、针对性,而不能溢出合同关系范畴之外。因此,合同的"相对性原理"是合同法律中最重要的法理特征之一。

第三,以产生依据是否合法为标准,可将法律关系分为调整性法律关系,或曰之第一性法律关系;保护性法律关系,或曰之第二性法律关系。前者是指依据合法行为所产生的法律关系,即法律承认该行为能够产生其追求的法律效果、法律效力。后者是指依据不法行为所产生的法律关系,即该法律关系的产生,其直接目的是保护和恢复受损的第一性法律关系恢复其圆满状态。实践中,它往往是以侵权法律关系的形态而存在的。

第四,以主体地位是否平等为标准,可将法律关系分为平权性法律关系和隶属性法律关系。前者是指法律关系各方主体地位大体平等,其中任何一方都不能将其意志强加于另外一方,如民事法律关系就是典型的平权性法律关系。后者是指法律关系各方主体地位并非平等,往往存在意志强加、权力宰制的情况。最典型的是在刑事诉讼领域,司法权力追诉犯罪嫌疑人、被告人的刑事责任,是不以其主观意愿为转移的,体现出了国家权力的强制性,乃至暴力性的特点。该分类对我们最大的启示是,该如何理解"平等"这一法律价值的问题。本书认为,有一个具象化的例子可供参考,即在我们日常生活中,在以自己为中心所建构的种种社会关系、法律关系中,如果大家彼此之间不存在意志强迫、不自由的情况,那么这种关系一般是平等的,如同学关系、友情关系等。反之,如果个体意志总是处于被对方压制、控制的不自由状态,那么这种关系就很难说是一种实质上的平等关系。换言之,意志在多大程度上能够自由、自主,是判断和衡量关系本身平等程度深浅的一个重要的形而上之标准和依据。

此外,关于法律关系还有一些较形式化的分类。例如,以在整个法律关系谱系中的性质、地位和重要性为标准,可将其分为基本法律关系和普通法律关系。再如,以法律关系主体数量多寡为标准,可将其分为双边法律关系和多边法律关系等。要之,法律关系的重要性主要在于,不论是部门法,还是宪法,从其构成的基本单位来看,皆可将其还原成不同类型的法律关系。与此同理,在从事法律实务工作过程中,也首先需要把不同的案件事实解构还原成不同类型的法律关系,是其进一步进行"法律发现",进行"法律论证"的前提和基础。由是观之,对于法律关系的理解和掌握，无论理论，还是实践，都是非常重要的。

四、法律关系主体之概述

在从外部对法律关系的概念、特征和类型有了一个大略了解后，下面我们开始进入法律关系内部结构的学习。大体而言，法律关系的基本框架，是由主体、客体和内容三个部分组成。首先，我们先来了解一下主体本身。所谓主体，是指法律关系的参加者，即法律关系中权利的享有者和义务的承担者。作为构成法律关系的基本单元和支柱，从类型上看，主要包括自然人、法人、其他组织以及国家等。作为自然人，作为初学者理解起来相对较简单、直观，其就是指现实生活中每个有血有肉的你、我、他。对于法人，可能在理解上会存有一定的疑惑。在目前阶段，大家需要了解的是法人作为一个特定的法律概念，是一种纯粹的法律创设虚构之物。同自然人在存在状态和方式上的可感知、可触摸相比，法人更多的是一种概念化、无形化的存在。对此，有同学可能会有疑问：以常见的法人表现形式——公司为例，它难道不是同样可以被感知、被触摸的吗？实则不然，我们日常所见的公司名字、标识、办公场所和人员等，虽然皆为有形实体。但实际上，它们都只能作为我们观看、理解和认识法人之一部分。而法人最核心的构成要素——独立的财产权，是无法通过这些局部的符号和象征予以体现的，即我们不能说这些名字、标识、办公场所和人员就能和公司具有同构性。反之，即便是以法人开立的账户里的资金作为其财产权的主要载体，其本身又能在多大程度上和法人画等号？也是一个不能简单类比的问题。从这个意义上，法律制度设计下的法人，实质上可能只是存在于人们的观念之中。这就恰如国家、货币这些其他"想象的共同体"，其真正的价值功能在很大程度上，只是作为一种人和人之间发生关系的纽带之所在，是具有异曲同工之妙的。

其次，我们学习法律关系主体的一个重要内容，就是它的权利能力和行为能力。其理由在于，现实中的法律关系不是必然产生、存在的，而是需要法律关系主体主动去构建、实现的。而主体的这种构建、实现能力，就直接同其权利能力、行为能力具有密切的关系。所谓权利能力，是指法律关系主体建构、参与法律关系，并在其中享有权利、承担义务的资格；所谓行为能力，是指法律关系主体通过自己的行为，享有权利、承担义务的实践能力。这两种不同的能力，要将它们放在一起去理解和把握。

五、权利能力、行为能力之概念比较

第一，相同点。权利能力和行为能力如前所述，都是为了法律关系主体参合、构建某一特定法律关系，并实现其法律上所承认之利益或履行其法律上所负担之义务这一根本目的而服务的。

第二，不同点。权利能力是一种静态资格，行为能力是一种动态实践。前者必须依靠后者，才能真正得到实现。这就好比去游乐园游玩，成人、儿童都能进门去玩，这就是资格能力问题。但游乐园里有的游乐设施，儿童必须在成人的陪同下才能去玩，这就是实践能力问题。而这种实践能力，又往往是和自然人的年龄、智力发育状况等客观情况具有直接的关系。此外，关于权利能力和行为能力的彼此范围问题，在自然人和法人身上还会存在不一致的情况。自然人的行为能力因受其年龄、智力状况等影响，并非在其存续的每个阶段都是完整的，从而形成同其权利能力的非对称性关系。法人的行为能力却与之相反，在其合法成立以后，其行为能力不受法人成立的时间、运营能力等因素的影响，而总是同其权利能力一一对应。这是我们理解权利能力、行为能力时，需要特别予以注意的地方。

六、法律关系的客体

概念上，法律关系客体是指法律关系主体享受权利、承担义务所指向的对象。换言之，它是权利、义务赖以存续并实现其法律上承认利益的基本载体。如果没有客体，那么法律关系则徒剩其外部框架，其实质内涵、根本功能就"皮之不存，毛将附焉"了。在客体类型上，则主要有以下几种：

第一，人身、人格。古希腊先哲普罗泰格拉曾说：人是万物的尺度。它既是一切事物存在的尺度，又是一切事物不存在的尺度。换言之，在所有法律制度中，对人权的确认和保障都应是其最重要的内容。顺之而然，人身权法律关系、人格权法律关系作为人权保障制度的两大基石，它们所指向的对象，一为人的生命及其健康和人身及其自由，二为人之为人应享有的尊严，是两大基本的客体。

在这里，人的生命、健康、自由和尊严，即构成了载体意义上人身权、人格权法律关系中相关权利义务所指向的对象本身。

第二，物。作为日常生活中最常见的客体表现形式，物在所有权法律关系、侵权法律关系等中，都扮演着重要角色，发挥着重要作用。尤其是在所有权法律关系中，如果不是通过物为中介，基于物上效用，那么法律关系主体所期待的物之利益，是无法得到实现的。反之，权利人基于物的占有、使用、收益和处分，以及排除他人非法妨碍和干涉（即所有权中的义务），皆是以物本身为直接指向对象的。但须指出的是，作为法律关系中客体的物，还需要满足几个条件：其一，客观存在。其二，能够为人所管领和控制。其三，能够带来物上利益。唯其如此，自然状态之物才有可能转化为法律状态之物。

第三，智力成果。该客体还有一个别名，叫"智慧产权"。即在实质意义上，它是针对人的创造性劳动成果可能带来的经济收益，所确立的法律保护制度。如基于著作权的版税收入、基于商标权的营业收入、基于发明专利的独占收入等。而所有这些收入的终极源头，其皆在于人类的创造性成果本身，即一种思想表达的既有成果。该成果在表现形态上，是无形的，而非有形的。换言之，它总是要通过一定的载体来予以呈现。但是，初学者总是易于把载体同表达的具体内容相混淆，从而产生智力成果似乎是有形的错觉。这一点，是我们将来在学习知识产权法律制度时，需要特别予以注意的地方。与此同理，作为一种无形的思想之物，智力成果本身也可以成为表达自由法律关系中的权利客体之一。事实上，在著作权法律关系和表达权法律关系中，它们本身就具有一定的同构性、同质性。即作品内容的被允许表达性和其可能产生的经济效益性两者间，是处在一个前后相继的逻辑关系链条之中的。

第四，行为。行为作为法律关系的客体，一个典型的例子便是在家庭法律关系中。如父母对于未成年子女的抚养，以及成年子女对于父母的赡养，皆是以行为作为权利、义务主要指向对象的。反之，如若相关主体违反该类行为义务，则会引致法律责任承担的后果。此外，行为也可存在于合同法律关系中。例如，在当今常见的明星演唱会活动举办过程中，其核心依据是由经纪公司同明星（或其经纪公司）所签订的演出承办合同。那么该合同的核心条款，即是要求该明星必须在某年某月某日某地点，亲自演唱足额数量的歌曲，即歌迷支付票款所希望获取的核心文化产品和服务。而这种产品和服务，正是以明星的表演行为为主要客体的。

第五，信息。信息成为近年来较受人关注的新兴客体，是同互联网、大数据和人工智能等技术的不断发展、日新月异的大趋势，具有密不可分的关系。例如，随着智能手机中 App 的广泛应用，个人信息越来越容易被不法运营商所窃取并用于其他目的。同时，生活中屡见不鲜的偷窥、偷拍行为，也成为威胁个人生活隐私的一大源头。凡此种种，都对个人信息保护制度提出了更高的要求。正因为此，颁行于 2021 年的《个人信息保护法》中，针对个人信息处理中的同意权利、告知义务、调取程序、保管义务和法律责任等，皆是以信息本身为直接客体的。此外，还有一类传统信息早已成为法律关系的客体形态，即国家秘密和商业秘密，它们是分处于国家安全保护法律关系和商业秘密保护法律关系之中的。该类信息的保护程度，对于国家重大利益和企业的切身利益，关系甚大。

第六，其他客体，如权力，也可以成为一个独立的客体。例如，在宪法关系中，作为调整国家权力和公民权利之间关系的根本法，无论是权力的来源、类型、组织及其约束和限制，其本身就是以权力为直接客体的。此外，某些法律拟制主体如公司等，也可以成为客体的一种表现形态。例如，在公司并购活动中，作为并购对象的目标企业，就是在并购协议所构建的并购关系中，作为一种主要的客体而存在的。

七、法律关系的内容

法律关系的内容，主要是指权利和义务，即在前面所讲的可能性和必要性的问题。权利和义务，是我们在整个法学学习生涯中，甚至可以说是最重要的两个概念范畴。法律关系的重要性，主要体现在它为我们理解不同的法律渊源提供了基本框架。但在这个框架体系中，最核心、最关键的就是权利和义务。它们是任何法律制度赖以存在的基本单位，以及整个法律体系的中心所在。

从定性角度来看，作为一对概念范畴，它们首先是一种一体两面、相伴相生，相互依存、相互统一的关系。作为法律关系的内核，利益实现的载体，权利、义务，特别是权利本身，是我们从社会层面去理解个体和群体相互之间基本界限的主要依据。一种权利行使的可能性，就代表了法律赋予主体一种自由的向度。反之，在其自由范围内，"他者"即义务主体是不能逾越该界限的。换言之，这也是通俗意义上的人和人之间恰然的相处之道，是需要有分寸感和边界感的法言法语之表达。而这种自由边界、利益保障的累积，便构成了特定社会的秩序之所在。进言之，法律所追求的公平正义之根本目的，正是孕育在该秩序之中的。

从定量角度来看，具体法律关系、法律制度中的权利和义务，是要处在一个大体平衡的数值对比状态，即平衡是我们从数量上理解权利和义务比例关系的基本出发点。实际上，从哲学层面来看，平衡在世间是无处不在的。如宏观层面地球生命产生的宇宙条件之平衡，[①] 中观层面人际交往关系中的互利互惠之平衡，[②] 以及微观层面身心健康的呵护之平衡等。[③] 循此理路，反映到具体法律关系、法律制度中，如《宪法》中依法纳税的义务同对国家机关及其工作人员监督的权力之平衡，《物业管理条例》中业主缴纳物业管理费义务和监督、更换物业公司权利之平衡，《国家赔偿法》中国家机关执掌权力同相关赔偿义务之平衡，以及前面所提到的在《民法典·婚姻家庭编》中，未成年人受父母抚养的权利和成年后赡养父母的义务之平衡等。

八、法律关系的产生、变更和消灭

在本讲最后，我们来谈一下法律关系得以变化的动力问题，即导致其产生、变更和消灭的原因究竟为何。世间万物，皆有其流变的原因或曰之推动力、原动力。法律关系，也不例外。大体而言，引起法律关系流变之原因，不外乎两种，一为事件，一为行为，下面逐一分述之。

所谓事件，是指和法律关系主体意志无关，但能引起其变动的种种客观因素，如常见的事件类型地震、洪水、战争、革命等，即我们所俗称的"天灾人祸"。其中，地震、洪水为天灾，战争、革命为人祸。无论天灾，抑或人祸，皆有一共同点，即它们的发生都是处于法律关系主体意志控制以外的。

所谓行为，是指和法律关系主体意志有关，引起法律关系变动的主动作为。

---

① 如地球在太阳系中所处位置，正好离太阳不远不近；地球自身的质量，正好不大又不小；保证了生命得以孕育的基本温度、压力等客观条件。

② 如孔子所言，来而不往非礼也。

③ 如个体的欲望要同其承压能力相匹配，否则因压力过大，可能会导致其焦虑、抑郁等心理病症。

如在签订履行合同过程中，行为人签订合同之行为导致一个合法有效合同关系的产生之结果，即是其主动作为、积极追求的产物。换言之，行为主体的主观意志同法律关系的构建之间，往往存有直接的因果关系。

以上是我们理解法律事实的一种基本分类。除此以外，依据不同标准针对法律事实还可形成一些其他的分类形态。其一，以法律事实本身是否发生为标准，可将其分为肯定性事实和否定性事实。前者是以法律事实的发生为依据，如《民法典·婚姻家庭编》中对于结婚最低年龄的规定。① 后者是以法律事实的不发生为依据，如前述法律中对于禁止结婚条件的规定。② 其二，以法律事实发生时间长短为标准，可将其分为一次性事实和连续性事实。前者是指事实发生即生效的情形，如前述种种之肯定性或否定性事实，皆属此类。后者是指法律事实的发生需要具备时间长的持续性，方得生效。如在国际法中关于居留权、国籍的取得，一般需要法律关系主体在某国连续居住达到一定的时间要求。其三，以法律事实发生的数量为标准，可将其分为单一事实和事实构成。前者是指单一事实即可引发法律关系流变的状态，如出生这一事实引发的生命权、健康权法律关系的产生。后者是指引起某一法律关系流变需要两个或两个以上的法律事实，如前述关于结婚的种种年龄、健康、意愿、形式等方面的复合性要求。

---

① 依据现行《民法典》，男的不低于 22 岁，女的不低于 20 岁。
② 主要有直系血亲、三代以内旁系血亲等。

第八讲　法　律　行　为

提要： 从发生的先后顺序来看，法律行为是建构法律关系的重要前提。如果没有法律行为的推动，则法律关系便大多不复存在。此外，法律行为还有其自身的结构内涵，即它总是遵循一个从主观到客观的外化过程。其中，作为法律行为内核的意思表示能否得到实现，以及在多大程度上得到实现，是我们从不同角度来看待法律行为的基本依据。因此，学习法律行为，是一个从形而上和形而下角度深刻理解从原因到结果的因果关系之重要载体。而因果关系，恰如前言，是任何科学研究所始终关注的中心。此外，不同的表意内容、表意效果，会导致不同法律行为得以产生的基本前提。换言之，剥离法律行为本身的外壳形态，法律如何看待这种意思表示的合法性、合理性和正当性才是根本，即它本质上，反映了人类意志自由的制度设计之限度。

关键词： 法律行为；意思表示

一、法律行为同法律关系的差异比较

提要中，业已谈到法律行为和法律关系之间的同一性问题。同时，它们彼此之间的差异性，仍然也是客观存在的。这种差异主要体现在：其一，性质上，前者是主体意志的外在表现，后者是权利义务的配置方式。其二，时间上，前者在先，后者在后。其三，冲突上，前者意图并不必然可以通过后者得到实现。即提要中所谈及的，作为法律行为内核的意思表示，并不总是可以得到法律肯定评价的问题，这是我们理解法律行为概念的一个基本前提。

二、法律行为的概念及特征

作为产生于罗马法中的法律行为制度，其正式概念界定的工作是由德国人所完成的。其中，萨维尼所提出的法律行为意思说，即将法律行为和意思表示相提并论，奠定了后世理解该概念的基础。要之，作为主要存于民法中的行为概念体系，它实际上起到了保障私法领域中的"意思自治""意志自由"的基本立法精神作用。该法律概念的界定方式，也为当代民法学界所借鉴、吸收。因此，我们一般认为法律行为是行为人基于其内部主观意志控制下，能够发生法律效力，产生法律后果的外部表意行为。它的特征主要有：

第一，意志性。法律行为总是基于一定的意志控制而做出的外部行为。换言之，一个标准意义上的法律行为系统往往具有一个较紧密的从意志到行为之结构化的完整链条。反之，如若该链条出现断裂，则行为人即便做出外部的动作，通常也不具有法律行为上的意义和效果。①

第二，社会性。法律行为总是具有一定的社会影响、社会效果，这同我们前面讲到的法的特征，即法所调整的是具有社会意义的行为，也是一脉相承的。

第三，法律性。法律行为总会受到法律肯定或否定性的评价，这种评价的结果，即法律行为的后果并不总是和主体做出该行为时的主观意志、意思表示相符合。

三、法律行为的分类

承前所论，这种法律对意思表示的评价，便构成了法律行为分类中的第一个标准，即行为受法律评价的结果。根据此标准，可将法律行为划分为合法行为和违法行为。所谓合法行为，是指主体所做出的符合法律要求，能够引起肯定性法律后果的行为。如签订合同行为，只要合同不违反法律规定和公序良俗，便可产生当事人所期待的法律效力，对合同当事人具有法律约束力。所谓违法行为，是指主体做出的行为不符合法律要求，从而引起否定性法律后果的行为。如合同签

---

① 该问题将在下文法律行为结构中予以进一步阐述。

订后、履行中，其中一方出现违约行为，那么在一般情况下，便要承担相应的违约责任作为其违约行为的代价。在很多时候，这种违约责任承担的后果，是同违约人违约时的主观期待相悖的。① 区分合法行为、违法行为的意义是法律对行为进行评价判定，并将其作为建立法律秩序的前提。

第二，根据主体意志是否能够得到实现标准，可将法律行为分为有效行为和无效行为。该分类实际上是前一种分类的延续，或曰之另类解读。在合法行为中，主体的意志自然能得到实现，因此即为有效行为。反之，在违法行为中，主体意志无法得到实现，所以称为无效行为。区分有效行为、无效行为的意义，对主体行为在法律框架中起到一定的导向、指引的作用。

第三，根据行为后果同其意思表示之间的因果关系标准，可将法律行为分为表意行为和事实行为。所谓表意行为，是指法律后果直接依据意思表示而产生，如前述之合法行为、有效行为。所谓事实行为，是指法律后果系依据行为本身的状态而产生，同主体做出行为的主观意思没有必然的联系。如无因管理行为就是一个典型的事实行为。其理由在于，无因管理人在实施无因管理行为时，仅是出于善意管理人的主观动机，为受益人代为管理事务。而对于无因管理过程中所产生的必要费用债务返还问题，在该行为实施之时是没有做此念想的。换言之，无因管理之债的产生是由无因管理造成的客观成本所导致，而同无因管理人的意思表示没有明显的因果关系。无因管理人实施无因管理行为，其根本目的是"乐善好施"，而非"索取债务"。否则，就失去了无因管理行为的初衷了。区分表意行为、事实行为的意义，是将某些意识表示以外的客观状态，从法律行为内核谱系中识别并提炼出来，作为创制法律后果的基础。

第四，行为本身的外部物理特征标准，可将法律行为分为积极行为（或曰之作为）和消极行为（或曰之不作为）。所谓积极行为，是指主体以积极作为的方式来实施的法律行为。如现实中大多数法律行为皆属此例。所谓消极行为，是指主体以消极不作为的方式来呈现的法律行为。如现实中的父母有孩不养、消防员见火不扑、医生见死不救、警察见投诉不管等。区分积极行为和消极行为的意义，主要在于识别种种不作为的情形，并将其作为追究法律责任的依据。

---

① 当然也不排除合同当事人故意违约，以获取更大利益的例外情况，如某些房地产开发商故意进行"一房二卖"。这种情形下，违约成本往往远低于二卖后的获益所得。

四、法律行为的结构

结构主义，作为一种思维方法和分析工具，是我们在认知过程中达致针对认知对象深层次理解的必然之途。任何实体，尤其是存在现象界具有空间广延性的实体，皆可以从结构上进行解读和还原。当然，这种结构主义的分析范式，不仅见于现象界的有形实体，还见于精神界的无形实体。法律行为的结构性探索，便是这样一个兼具形而下和形而上双重意义的认知过程。通过这一过程作为中介，方可期许达致对于认知客体较全面的理解和认识。针对法律行为而言，鉴于"从观念到行为"的基本结构关系，又可将其进一步划分为两个不同层面的次生结构：其一，指导行为的某一观念，究竟是如何产生的。其二，该观念在实践中，是如何和结构建构引起和被引起的关系。前者，称之为法律行为的内部结构；后者，称之为法律行为的外部结构。两者之间，共同构成法律行为结构模式的两大基石，并对行为后果及其法律效果产生着微妙影响。

（一）法律行为的内部结构

1. 动机

任何行为，从发生学来看，皆有一个最原初的触发点。这个触发点，即为动机。所谓动机，一般是指推动法律关系主体实施某种行为以达到一定目的的内在动力或动因。我们任何一个理智正常的人，在日常生活中做出某一行为，其皆是在某一特定动机刺激下的结果。不同的只是，有的动机存在于显意识层面，能为人所意识到；有的动机则存在于潜意识层面，还没有被人所意识到。但无论如何，没有任何动机的行为，则是不可想象的，譬如存在于梦游状态、癫痫状态或者某些精神类疾病发病状态中的行为。但在这些状态中，基于"动机—行为"之间的断裂关系，是导致法律评价不能的必要条件。此外，研究动机问题最大的意义，多见于刑事司法实践活动中，用以确定量刑幅度之大小的重要依据。例如，在2016年的山东"于某案"中，于某因母亲受辱而持刀攻击欺辱者，导致一人死亡、两人重伤、一人轻伤。次年，经一审、二审判决后，山东省高级人民法院以故意伤害罪改判其为有期徒刑五年，维持原判决民事部分。① 本案中，二审法院之所以作出减轻判决，一个重要理由便是对于某故意伤害行为的动机考量，即为了弥补或挽回因其母亲在被严重侮辱过程中，所受到伤害的个人尊严。同时，这种法外报复，在一定程度上是同中国传统的"孝"文化伦理精神基本要求有某种连续性和一致性的。再如，2018 年的昆山"龙哥案"中，受害人刘某龙在十字路口因行车问题，同自行车车主于某明发生冲突，并提刀对其追砍，却被反砍身亡。② 本案中，昆山市公安局、人民检察院相继发布通报，认定于某明行为属于正当防卫的主要理由之一是为了保护自己的人身权益免受不法侵害。因此，其行为便具有了合理性和正当性。

2. 目的

目的是法律行为内部结构中，另一具有重要意义和价值的表现形式。何谓目的，一般是指法律关系主体通过实施一定行为力求达到某种目标的主观意图。目的和动机，都是存于支配法律关系主体行为的主观方面之中。它们彼此之间，是既有联系又有区别的两个概念。而主要的区别则在于：其一，基本性质上，动机是行为的催化剂，目的是行为的落脚地。例如，在前述于某案中，于某基于为母亲受辱出头的动机，用匕首刺人，而刺人的目的是将其身体伤害。由之，从触发到结局，形成了一个认识行为的统一体。其二，在发生时间上，动机在先，目的在后。动机催发行为，目的导引行为。其三，刑事责任追究上，动机是量刑的酌定情节，目的是量刑的法定情节。例如，鉴于于某伤人动机具有情有可原性，因之二审予以轻判。反之，具体伤人行为之所以被界定为故意伤害，而非故意杀人，则主要是从行为的手段、方式等方面入手，反推其使用凶器究竟希望达到怎样的目的为依归。要之，我们据以区分从动机到目的，主要是依据"动机—行为—目的"的逻辑条线进行。换言之，动机和目的分居行为之两端，前者促进行为的做出，后者引导行为的归宿。

---

① 《"辱母案"于欢：从无期改判 5 年，狱中受 5 次表扬，母亲 3 年白了头》，载网易网，https://www.163.com/dy/article/IDNOL8JK0552INOC.html，2023 年 5 月 24 日访问。

② 《案情回顾：2018 年昆山龙哥被反杀案，正义终得伸张》，载网易网，https://www.163.com/dy/article/ISGO58J05566XNP.html，2024 年 3 月 6 日访问。

3. 认知能力

一般而言，认知能力是指法律关系主体辨认和控制自己行为的性质、后果及意义，并作为自身行为主要依据的一种理性能力。在某种程度上，认知能力在法律行为的内部结构中，处于最高的层次，起统摄性作用。即在本质层面，判断法律关系主体实施法律行为的意义和后果，主要看其是否具有相应的认知能力。如若认知能力存有缺陷，无论是未成年人抑或精神病人所实施的、在动机支配下具有特定目的指向性的行为，也不会产生其应有的法律后果。基于此，民法上的行为能力制度就是一种典型的以认知能力作为划分依据的制度。但大家需要注意的是，在刑法中，犯罪嫌疑人、被告人不能以所谓"不知者不罪"来作为逃脱应担罪责的正当抗辩理由。其理由在于，对于一个心智正常的成年人而言，知晓什么行为在法律上可为，什么行为在法律上不可为是一种应然之能力。该能力，是法律本身或者立法者本人的一种预设和推断，其仍然还是以年龄和智力状态为主要依据和基础的。

(二)法律行为的外部结构

关于法律行为外部结构的理解，主要是落脚于行为本身上。换言之，它主要探究行为的客观层次及其后果的问题。这个问题，又集中聚焦于行为在过程层面的手段，以及结果层面的后果两个方面。

第一，行为的手段。某种程度上，这是理解法律行为外部特征的同义语——行为自身特点主要是通过它的手段来体现的，即行为人为达到其预设目的而在实施行为过程中所依附或指向的各种客观情况。从法律行为的"缘起—过程—结果"结构来看，其主要位于"过程"的中间地带，集中体现和反映了行为实施中的具体状态。主要体现在，其一，以法律行为发生是否同具体情景相关，作为据以判定构成正当防卫、紧急避险的条件，即危险是否正在发生。其二，以法律行为是否同特定身份相关，作为据以判定某些罪名如贪污罪成立的基础。其三，以法律行为发生是否同一定时空相关，作为据以判定是否构成某些犯罪的加重情节，如入室抢劫之于抢劫罪，是其加重情节的一种类型。其四，以法律行为是否同特定对象相关，作为判定是否构成某些特定罪名，如挪用公款罪和挪用特定物款罪之区分，即是以不同款项的性质及其用途，作为划分依据。

　　第二，行为的结果。所谓行为结果，一般是指行为人实施行为所造成的客观后果。这种结果，通常构成对于某些亟待保护法益状态的影响和损害。同时，是否具有某种结果，也构成不同法律判定的客观标准。例如，在故意伤害致人死亡罪中，被害人是否死亡这一结果即为是否构成本罪的加重情节。再如，在交通肇事罪中，是否存在人身、财产的重大损失，则为是否成立本罪的必要条件之一。① 所以，这也是我们从源头上为何要关注行为结果的主要原因所在。

---

　　①　中国现行刑法中，在所有以过失为主观方面的交通肇事罪犯罪中，皆以损害结果的出现为客观要件。

第九讲　法律责任

提要：法律责任，是法的本体论知识体系中最后一项内容。同时，在某种意义上，它也是其中最重要的内容之一。其理由在于，在前面"法的特征"一讲中曾经谈到，法作为一种特殊的行为规则，之所以区别于其他行为规则的根本原因，即在于它有国家强制力作为实施的保障。而这种国家强制力发生作用的载体和依托，则主要是通过法律责任予以实现的。换言之，在文本上，法律责任条款是法律形式逻辑层面自洽的必要条件；没有法律责任，法律就不成其为法律。而在现实中，法律责任落实是法律权威体现层面的根本性基础。此外，在追责各环节中，还要综合考虑其赖以存在的各项条件，以及是否存在减轻、免除责任的种种情况。唯其如此，方得符合法治国家的题中应有之义。

关键词：法律责任；追责；免责

一、从责任到法律责任

责任，是我们在日常生活中接触得较多的词汇之一。明人顾炎武有云，天下兴亡，匹夫有责，即中国古代知识分子群体在儒家传统文化指令下，赖以实现"修身、齐家、治国、平天下"之政治抱负的一种话语表达范式。这种话语，就是以"责任"为落脚点和归宿点的。在当代，在每个中国公民从小所接受的爱国主义教育中，也有类似的"每个人都应当尽到一份对于国家的责任"之精神号召和具体要求。此外，生活中，所谓种种关于"成年人的责任""男人的责任""家庭的责任""要负责任"等说法，层出不穷，不一而足。要之，从古至今关于"责任"的不同表达方式，实际上已在一定程度上为我们揭示了这个概念的本质所在，即它实际上是一种义务，或曰之必要性。因此，法律责任作为责任的衍生概念，也不能从根本上逃脱这一理解责任的基本规律。换言之，义务是其基本底色，即在法律关系中，主体应当履行的某种义务或必要性。

但是，仅从义务角度来理解法律责任仍是不够的。盖因其不能从源头上回答，"法律责任"同"义务"之间，究竟还存有什么区别的问题。否则，就没有必要另设专章来专门谈它了。而关于法律责任究竟为何，业界坊间的基本分歧主要有：其一，惩罚说。该说认为法律责任是对责任承担者的一种惩罚，即对其合法利益①的一种限制和剥夺。其二，后果说。该说实际上是从惩罚说中自然演绎出来的，即既然法律责任是一种惩罚，那么自然对责任承担者而言是一种不利的后果。只不过惩罚是一种技术过程，后果是一种价值判断。其三，义务说。该说是目前业界所持的主流观点，即法律责任是因为责任主体违反法定或约定义务(第一性义务)而承担的一种特定义务(第二性义务)。

那么，对该如何理解法律责任这一概念，有以下几个要点需要注意：

第一，从缘起上来看，首先必须存在违反法定义务或约定义务的前提，即不法行为。至于说该不法行为的实施主体，是否同最后的担责主体保持同一性，则是需要讨论的另一个问题。②

第二，从性质上来看，法律责任仍然是一种义务。其理由在于，责任主体在承担具体责任时，自身是没有可选择性的，即它是一种典型的必然性。

第三，从时间上来看，法律责任的产生及承担，是后于不法行为的，即相对于所违反的前置性义务，它在发生顺序上具有滞后性。也基于此，才将其界定为"第二性义务"。

第四，从主体上来看，责任主体，即最后实际担责的人同直接实施不法行为的人，可能不是同一人。例如，在现实中，未成年人或精神病人在发病时所实施的不法行为，其法律后果往往是由他们各自的监护人(父母或配偶)来承担的。

二、法律责任的构成要件

前面业已多次提到，结构主义是我们在学习认知过程中理解客体的一种基本

---

① 这种利益可能表现为人身利益，如自由、生命；财产利益，如财物、金钱；政治利益，如政治权利等。

② 该问题将在后文中予以展开阐述。

思维方式。任何事物皆可在一定程度上还原成一种结构的存在。法律责任，也不例外。具体而言，法律责任的结构或曰之构成要件，有以下几点：

第一，主体。主体一般是指违反法定或约定义务，具有责任能力并需承担法律责任的"人"。这是法律责任构成要件中最重要和基本的要素。其理由在于，如若没有主体，即没有法律责任赖以依附的载体和对象。换言之，它便成为镜中花、水中月。此外，这里的"人"也需要作广义理解，即其不仅是指日常生活中常见的自然人，还包括法人、国家（特殊法人）、其他组织等。这也是初学者在学习主体时，较容易遗漏的一些概念类型。至于自然人主体和组织性主体之间在承担责任的差异方面，主要体现在自然人可能因为其年龄、智力状况等客观因素，会影响责任能力的实际大小。反观法人，就不存在这个问题，即法人成立伊始，便获得了权利能力和行为能力的一致性和同构性。

第二，不法行为。除了前述类型意义上的违法行为和违约行为外，还需要进一步了解不法行为在表现形态上的基本特点，即违法行为、违约行为的外部特征。实践中，我们往往是用作为和不作为来界定的。所谓作为，是指行为人在其主观意志支配下，以主动动作积极追求某一结果的发生。实践中，大多数不法行为都是以作为方式存在的，如违约行为、侵权行为等。所谓不作为，是指行为人虽然负有某一前置性义务，却怠于履行该义务从而引发特定结果。如前文所提及的父母有孩不养、医生见死不救、警察见诉不应等，皆属此类。①

第三，损害结果。我们为何要追究法律责任，基本前提是不法行为侵害了某种法律上需要保护的利益，即法益。因此，需要通过法律责任的承担，来使被侵害的法益恢复到未侵害前的完满状态。这种侵害事实的造成，便是损害结果。具体而言，其表现形态主要有三种。其一，人身损害。该损害又可分为两种，自然人的生命权受损和健康权受损。前者一般是指生命的丧失，后者一般是指身体机能部分或全部的丧失。其二，精神损害。该损害同人身损害是一个既有联系，又有区别的损害类型。一般多见于人格权、名誉权直接受损中，或因健康权严重受损所产生的一种次生性损害。实践中，精神损害作为一种较主观、难以量化的模糊标准损害类型，一般需要由专业医疗鉴定机构出具鉴定结论，证明其精神损害达到一定的程度。即满足某种精神类疾病的临床诊断标准，方能成立。其三，财

---

① 对应义务依次为：抚养义务、救治义务、出警义务等。

产损害。该损害一般是指实物被损毁、部分或全部丧失其功能，或者直接的金钱损失以及其他可用金钱来计算的物质性损失等。

第四，因果关系。作为司法实践中常见的争议焦点，因果关系一般是指不法行为同损害后果之间引起和被引起之间的关系。即只有存在这种关系，主体才有被追责的现实性基础。例如，某甲辱骂某乙，某乙属于心理易感人群，因而该辱骂行为导致其心理失常而罹患抑郁症。那么某甲的辱骂行为和某乙的抑郁症之间，鉴于存有明显的因果关系，则应当至少承担精神损害赔偿的法律责任。再如，还是某甲辱骂某乙，某乙本身患有高血压、心脏病等基础病，在其遭受辱骂的精神刺激后，血压升高、心跳加快，进而引发其心梗死亡。那么，某甲的辱骂行为同某乙死亡之间，则存在间接因果关系。那么，一般而言，某甲需要承担部分民事赔偿责任。但因为某乙死亡直接原因是其自身基础病所导致，所以某甲一般不需要承担刑事责任。① 还如，某甲辱骂某乙后，某乙掉头即走，但在过马路时不慎被一辆疾驰车辆撞死。针对这种情况，一般而言，某乙死亡同某甲辱骂行为之间不存在直接因果关系，故肯定不需要承担刑事责任。② 同时，一般也不需要承担民事责任。③

第五，主观过错。主观过错一般是指责任主体实施不法行为时所持的主观心理状态，这种心理状态之所以被作为追责的主观条件，往往是基于故意或过失两种情况。其中，故意是指行为人已经预见行为可能造成的损害结果，并积极追求或者放任该结果的出现的心理状态，即直接故意和间接故意。过失是指行为人应当预见行为可能造成的损害结果，但因疏忽大意没有预见或者已经预见该后果，但自信可以通过自己行为予以避免的心理状态，即疏忽大意的过失和过于自信的过失。无论哪种过失形态，在本质上皆可视作行为人主观上不应有、不该出现的心理状态。正是该心理状态，导致了错误的行为，引发了损害的结果。进言之，这一主观、客观相统一的追责原则，在对于任何法律责任的追责过程中，都是不可或缺的。

---

① 除非某甲明知某乙患有该严重基础病，并故意通过辱骂刺激该病发生，那么则可能承担间接故意杀人罪的刑事责任。

② 承担刑事责任的主体为肇事车辆司机。

③ 除非肇事车辆没有足额投保，且肇事车辆司机赔偿能力有限，那么某甲理论上有可能作为共同被告承担部分民事赔偿责任。

三、法律责任的认定和归结之概述

法律责任的认定和归结，即上文所言的"追责"，即国家机关或授权组织依照法定的职权和程序，对因不法行为所引起的法律责任，进行判断、追究、减缓、免除的专门性活动。关于该概念的理解，有以下几个要点需要注意：

第一，主体上，是国家机关或授权组织。即除了有权国家机关这一常见追责主体外，授权组织是容易为初学者所忽略的另一追责主体类型。现实中，常见的授权组织如劳动仲裁委员会、商事仲裁委员会等非国家机关，它们所行使的准司法权即基于法律的授权。

第二，条件上，有权机关或组织进行追责，必须依据法定的职权和程序，而不能任性、恣意。实践中，这种职权和程序往往是通过国家机关组织法及其他法律予以确认的。

第三，构成上，判断—追究—减缓—免除是一个完整追责过程中的系列环节。如果把整个追责比喻成日常生活中的"背锅"，那么判断是指"有没有锅"，这是追责的前提；追究是指"谁来背锅"，这是追责的载体；减缓是指"锅能否减小"，这是追责的例外；免除是指"锅的去掉"，这是例外的极端。它们彼此之间，四位一体，共同构成责任追究全过程、全环节。

四、追责的原则

追责的原则，是贯穿于整个法律责任认定和归结过程中所必须遵循的基本准则。作为法律原则之一种，它也是以"无在，却无不在"的方式发生作用的，主要包括：

第一，责任法定原则。一言以蔽之，该原则指的是"法无明文规定，则不能追责"。反之，针对某一特定时空下特定主体的追责，则必须以此时此刻之责任必须有法律明文规定为依据。实际上，在前面"法的效力"专题中所谈到的法的时间效力中的溯及力问题，便从另一侧面佐证了该原则。即在一般情形下，某一特定时空下主体所实施的行为，应受该时空条件下法律的调整——法在原则上，是没有溯及力的。就是我们通俗所讲的：老人老办法，新人新办法。或者说，人们不能以今天的法律去要求昨天的行为。

第二，因果关系原则。该原则实际上，在我们之前讲"法律行为"专题时，便已经涉及了。即追责过程中的因果联系原则同法律行为结构中的因果联系原则，具有同构性。在法律行为的内部结构中，首先需要行为本身同主体意志存有引起和被引起的关系。如果这种关系出现因果链条上的断裂，则该行为就不能产生相应的法律后果。在法律行为的外部结构中，其次需要行为同损害结果之间，也要存有引起和被引起的关系。此一点，在法律责任构成要件中已经谈过，这里不再赘述。总之，这里的因果关系原则，包含了两个层面的双重因果关系链条。两者之间，缺一不可，互为表里，彼此统一。

第三，责任相当原则。该原则是指法律责任的实际大小，即对于主体合法利益的剥夺程度，需同不法行为的性质、后果存有正比例关系。同样的道理，在前面"法的要素"一讲中，在讲到法律原则时，也用了刑法中的罪责刑相适应原则这个例子进行说明。

第四，责任公平原则。该原则包含两个方面内容，其一，有责必究。其二，责任平等。无论前者，还是后者，其实质都是建立在一个总的逻辑前提下，即法律面前人人平等。换言之，任何人如果实施了不法行为，只要具备追究的条件，就应当被追究法律责任；同时，他们在被追责的过程中，同样的行为类型，也应当被追究同等的责任。总之，社会中不应存在享有法外特权的群体或个人，这也是法治国家的题中应有之义。

第五，责任自负原则。该原则一般是指：谁实施了不法行为，则应由谁来承担法律责任。换言之，除了未成年人或精神病人等行为主体、担责主体不一致的情况外，归根结底，每个人都应当为自己的行为负责。反之，通俗来讲，就是指法律不能殃及其他无辜的人。因此，中国古代社会那种"一人犯法，满门抄斩"的株连方法，是同现代法治精神相违背的。

五、法律责任的承担方式和实现方式

法律责任的承担方式，从某种程度上是一种实体性问题，即它指向的是法律责任以一种什么样的状态，来获得其自身的存在性。实质上，是对法律责任内涵范畴所做的一种类型化的归纳，主要包括：

第一，惩罚。前已述及，作为一种最常见的法律责任承担方式，惩罚一般是指对于责任主体某种合法权益的剥夺，如从实物罚、金钱罚到自由罚、生命罚等。

第二，赔偿(补偿)。一般是指针对不法行为所造成的人身损害或财产损失，主要采取金钱等方式进行经济层面的责任承担，或者使得受损者身心得到一定程度的抚慰，如人身损害侵权行为中对于受害人的赔偿，见义勇为行为中受益人对于见义勇为者及其家属的补偿等；或者使得受损财产恢复其受损前的相对完满之状态，如财产损害侵权行为中对于受害人的赔偿等。

第三，强制。一般是指采取国家强制、合法暴力方式强行迫使不法行为主体履行其应当履行的义务。如针对违章搭建行为的强制拆除，民事、行政诉讼中针对不履行生效裁判文书的强制执行等。

而法律责任的实现方式，则更多的是一种程序性问题，即它指向的是法律责任主要通过一种怎样的步骤、方式来得到切实的实现。这种步骤、方式在大体上又可分为两种：其一，行为人自觉履行；其二，行为人被动履行。在第二种情形中，还可分为依职权履行，如对于刑事生效判决的责任履行，以及依申请履行，如对于民事、行政生效判决，仲裁裁决的责任履行等。

六、法律责任的减轻和免除

法律责任的减轻和免除，即指俗称的"免责"。但有一点需要指出，这里的"免责"和通俗意义、字面意思上所理解的免责，存有一定的区别，即免责不等于无责，而恰恰相反，它是建立在有责的前提基础上的。首先，在定性层面，责任主体因实施不法行为应当承担法律责任。其次，在定量层面，考虑到法律上所设定的种种主观、客观情况，部分或全部地免去应当承担的责任大小、具体份额，主要包括有：

第一，时效免责。一般是指不法行为经过一定期限，其法律责任便不再被追究。该免责情形多见于刑事诉讼领域，其主要理由是基于司法资源的有限性，针对某些因为举证困难的陈年积案，不得已而只能采取这种权宜性处理方法，以便更好地集中力量来解决当下的案件问题。但需指出的是，如果出现新情况、新证据，有权国家机关仍然可以重新启动追责程序。换言之，时效免责只是一种附加条件的相对性免责方式，而非绝对性免责。

第二，不诉免责。一般是指免责程序的启动，是以当事人(受害人)主动向国家有权机关告诉作为必要条件。反之，如果不告，则无法追责，即成为了一种变相的免责。常见的民事诉讼、行政诉讼，即是一种典型的不诉免责——如没有原告的起诉，就无法启动诉讼程序，更谈不上对于被告的追责问题了。一个特殊的例子即在刑事诉讼中也会存在不诉免责的情况。尽管大多数刑事案件都是公诉案件，但有部分刑事案件，如侮辱罪、诽谤罪、虐待罪、暴力干涉婚姻自由罪等，在追责方式上也是采取同民事、行政案件类似的程序设计，即如无当事人(受害人)主动发起追责程序，向公安司法机关提出控告，则无法追究加害人的刑事责任，或曰之事实免除了其刑事责任。刑法之所以作出这样的规定，其理由主要是因为考虑到举证现实可能性的需要。在上述这些案件类型中，受害人是否因为侮辱、诽谤行为人格尊严受到损害，是否因为虐待行为人身权益受到损害，是否因为暴力干涉使自己婚姻自由受到损害，归根结底只有他自己最清楚，也最方便举出相关证据。所以，法律才把相关程序的发起权赋予了当事人自己。

第三，不可抗力免责。一般是指我们俗称的"天灾人祸"，其常会构成在合同中违约关系的免责事由。所谓不可抗力，包括意外事件，是指由法律关系主体意志以外的原因所致，故对其自身来说是无法预见、无法克服、无法避免的。换言之，对于因不可抗力、意外事件导致的损害结果，该主体在主观上是没有过错的。例如，在商品房贷款买卖合同关系中，如遇地震、洪水等自然灾害导致房屋被震塌、被冲垮，导致原合同已经无法继续履行，那么房屋所有权人及贷款银行都不用再承担履约义务，同时也不能追究对方的违约责任。

第四，自首、立功免责。该免责事由，主要也是见于刑事领域。一般是指犯罪嫌疑人、被告人在到案以后，能够如实供述自己的罪行，或提供其他有价值的破案线索，从而导致另案得破。如遇此类情况，在针对该自首人、立功人，则可部分或全部地免除其应当承担的刑事责任。如我们在各类刑侦题材影视剧中，所常见的审讯室所张贴之"坦白从宽，抗拒从严"告示，即为此制度的一种仪式化倡导。但需注意的是，作为一种刑事司法政策及其制度实践，自首、立功仅是"可以免责"，而非"必须免责"。换言之，如果犯罪嫌疑人、被告人罪大恶极、罪无可赦，即便存在自首、立功情形，也并非必须、一定要免除其刑事责任。

第五，补救免责。一般是指违法者在造成损害后果后，在被追责前，如能及时采取相关措施，使得因不法行为造成的法益受损状态得以恢复，那么则可部分或全部地免除其应当承担的法律责任。如现实中某些明星的偷税漏税行为，如其能够及时足额缴纳所欠税款及其罚款，则可部分或全部免除其刑责。近年来范某冰偷税漏税被罚、前著名网络直播红人薇某偷税漏税被罚，均属此例。此外，现实中，在一些非法集资、集资诈骗案件中，如果犯罪嫌疑人能够及时归还所欠受害人款项的，也能在一定程度上减轻其应承担的刑责。

第六，协议免责。一般是指俗称的"私了"，例如，在合同关系中，各方当事人以签订补充协议方式，免除其中一方或几方的违约责任。协议免责的实质，是意思自治原则在免责领域的一种体现和反映。因此，其多见于民事领域。反之，在刑事领域，鉴于违法犯罪行为所侵害的法益具有社会公共性，须由有权国家机关来进行是否免责、如何免责的判断和落实。所以，理论上此类案件一般不允许当事人之间自行"私了"。①

第七，自助免责。该免责事由，又称"自力救济"。一般是指在情事紧迫情况下，一方当事人在没有其他更优选择的前提下，自己采取侵害另一方当事人某一合法权益的方式来维护和保障自身的合法权益，则可部分或全部免责。例如，某债权人在讨债过程中，发现债务人即将离境"跑路"，故在机场将其拦住。同时为防止其强行"远走高飞"，不得已将其扑倒在地、限制其人身自由，直到保安出面干预。在这一过程中，债权人非有权国家机关工作人员，不当限制债务人人身自由理应追究其法律责任。但基于此类可以理解的情况，在没有造成严重伤害结果的条件下，可免除该责任。②

第八，人道主义免责。一般是指在以金钱给付为主的财产类法律责任承担方式中，如果法律责任承担者出现经济、生活的严重困难，导致实际给付不能，追责主体基于人道主义精神考虑，部分或全部地免除其应当承担的赔偿之责。该追责主体，既可以是自然人，也可以是国家机关、其他法人及组织等。

第九，赦免。同时效免责、不诉免责和自由负责、立功免责类似，赦免也是存在于刑事领域，主要是指刑罚的一种执行制度。一般是指在刑罚执行过程中，

---

① 现实中，也可能存在有部分刑事案件，如故意伤害、交通肇事等，也可能因伤情不重、赔偿到位而由公安机关作出不予立案，或者销案的决定。

② 反之，如果自助行为实施过程中，明显超过必要限度而造成不应有的损害，还是应当根据实际情况承担相应的法律责任。

基于已决犯服刑期间的良好表现或其他综合因素考虑，部分或全部地免除其剩余刑事责任。赦免制度可分为两种，一为大赦，二为特赦。所谓大赦，指的是既赦免罪，也赦免刑。换言之，被赦免人在理论上就没有案底留存了。所谓特赦，指的是仅赦免刑、不赦免罪。对于前者，多见于中国古代帝王登基之时或遇重大节庆因而"大赦天下"。而在中华人民共和国成立后，仅实行过特赦，未实行过大赦。赦免的对象，主要是以伪满洲国皇帝溥仪及内战中前国民党军队中的高级将领为代表，如杜聿明、黄维等人。换言之，这种特赦，主要是从政治因素方面来进行考量的。

第十讲　法的作用和价值

提要：讲完前一讲"法律责任"，代表了法的本体论学习的阶段性完结。接下来，我们将要进入法的价值论的学习。同时，在有了前面九讲的知识积累后，再来理解法的价值论，可能会相对较顺畅。但是，如前所述，囿于大家目前的知识储备、年龄阶段和生活阅历，对于法律价值中的核心概念，如秩序、自由、公平、正义、民主、法治等，至少在现阶段恐怕仍然难以深入体悟。因此，建议同学们当前把学习的重点放在法的作用方面。虽然从现有法理学教材编纂的一般体例来看，法的作用是作为法的本体论中的内容，将其放置于法的概念和本质之后的。但本书认为，法的作用未尝不是法的价值中的一种。即人类社会为什么需要有法，很大程度上即在于立法者首先期待法能在现实生活中对人的行为发生应有的作用、产生应有的影响。唯其如此，前面所提到的那些价值谱系才能借助该过程真正得到实现。所以，从某种程度上，法的作用既是法的动态价值、技术机制，也是保障法其他价值的一种不可或缺的中介和桥梁。

关键词：法的作用；法的价值

一、法的作用之概述

从发生机制上看，法的作用首先即建立于"法律—行为"的基本框架范畴中，它是法律对社会化行为调整过程的概念界定，这是就个体意义而言的。但透过这种技术机制的表象，我们应当从一个更深的层次来对法的作用，尤其是法为何必须要发生作用需有一定的把握和了解。大体而言，可分为以下三个层次：

第一，微观层面上，法通过作用的发挥来分配利益、定分止争。在每一纠纷和冲突中，当其一旦被诉诸法律，就意味着它以法律关系的形式，并必须通过权利、义务和责任的机制来予以解决。在该过程中，法律对于每一权利的确认和保护，对于每一义务的强制和保障，皆体现了立法者在制度设计中的一种利益分配机制。例如，《民法典》保护合法的财产所有权，为此针对侵权行为所设置的包括但不限于停止侵害、排除妨碍、恢复原状、赔偿损失等法律责任，其实质是在所有权人同义务相对人①之间，建立了一道无形的分水岭、防火墙。这种分寸、界限的框定，其核心即为一种利益分配的方式——标的物及其物上利益，归属于权利人自身，而不属于除其以外的其他主体。②

第二，中观层面上，法的作用体现了一种基于价值导向基础上的社会控制（社会治理）过程。承前所论，法律在进行利益分配时，总是基于某种特定的价值指引，反映了立法者的主观倾向。例如，《民法典》第一条即开宗明义提出，要"弘扬社会主义核心价值观"。同时，该法第一百八十三条为落实该原则要求，设定了针对见义勇为行为中受益人给予受害人补偿的法律规则。即在没有侵权人、侵权人逃逸或者无力承担民事责任，受害人请求补偿的，受益人应当给予适当补偿。在这里，价值观作为利益分配的前提和根据，得到较直观的体现和反映。

第三，宏观层面上，一方面，法的作用首先是一种权力控制的结果，是权力意志的集中表达。其一，在立法中，体现了立法机关在行使立法权过程中的意志。其二，在执法中，体现了执法机关在行使行政管理权、各类执法权中的意志。其三，在司法中，体现了司法机关在行使审判权、进行判断中的意志。而所有这些意志，归根结底都是广义国家意志在不同国家权力分工中的反映。另一方面，法的作用又不仅仅存在于权力意志单向作用于社会的单向维度，还存在于公民权利反向约束、控制权力意志的"对冲机制"。例如，《宪法》第四十一条关于公民对于国家机关及其工作人员所享有的批评、建议、申诉、控告、检举以及依法获得赔偿等权利，即是其例之一。同时，该条文规定也通过《国家赔偿法》等法律法规，予以明确了其具体内容、操作细则。换言之，作为法律作用对象的行为，既指公民、法人、其他组织的行为，同样也指国家行为。这也是法律面前人

---

① 在这里一般是指除权利主体以外的所有其他主体。

② 理解这种抽象的利益分配机制，需要同学们在大脑中建立一个具象化的想象力之图景。但其核心，仍然是利益在不同主体之间的配置结构。

人平等的价值理念，在法律作用领域的一种别样贯彻。

二、法的规范作用、社会作用

法的规范作用一般是指法对个体意义上的"人"①之行为，所起到的具体作用。这种作用，依据其功能效果，根据其逻辑顺序，可分为以下几种主要类型：

第一，告知作用。它是指将法律这种特殊规则用白纸黑字载明，公开宣示于"天下"。建设法治国家，首先必须要颁布法律，这是先决条件。什么可以做，什么不能做，立法者必须要让国民知晓。否则，人们的生活就失去了可以遵循的基本准则，从而陷入一种弥散性的不确定感、不安全感和焦虑状态中。但需注意的是，法律是否告知，不是区分后面将要讲到的法治同人治的根本标志。换言之，即便在一个人治社会中，法律可能告知，也可能不告知。例如，中国法律史中，在郑国制刑书、晋国铸刑鼎公布成文法前，统治阶级、王公贵族奉行的是"刑不可知，则威不可测"②的法律原则，在该原则指引下，在案件审判中则采取的是"议事以制，不为刑辟"③的法律方法，以"惧民之有争心也"④。即所谓如果让民众知晓规则，会引发其争讼之心，且带来不畏惧居上位者之官吏、皇帝的后果。显然，这和今天我们所讲的告知作用及其目的，完全是南辕北辙的。但是，即便秦国采纳法家思想通过颁布统一法令用来治理天下以降，后世历朝历代的承袭前例，亦不能得出法治的结论。而恰恰相反，在帝制时代，人治色彩反而是一以贯之的。

第二，评价作用。如前所述，法律所确认的什么可为、什么不可为，本身即构成对于行为合法性的一种评价标准。此一点，也是法律告知作用产生效果的一个重要原因。换言之，告知本身只是一个点、一个动作。重要的不是告知本身，重要的是告知的具体内容。即法律通过告知，将自身所蕴含的这一套关于是非善恶的判断尺度，公布于众人所知。它的内核，是这个尺度本身。

第三，预测作用。有了该尺度作为指南，在社会生活中，人们便可将其当作

① 这里的人包括公民、法人或其他组织，是一个广谱性的概念。

② 参见《左传·昭公六年》。

③ 参见《左传·昭公六年》。

④ 参见《左传·昭公六年》。

安排自己行为的基本指引。依据法律的要求去追求合法的利益，其利益会得到法律的鼓励和保障；反之，违背法律的要求去追求非法的利益，会给行为人带来不利的法律后果。在"理性经济人预期"①的支配作用下，大多数人在社会交往中都较倾向于去主动追求合法利益，而自动远离非法利益。尽管有时候，人们选择循规蹈矩，不以身试法，并非因为他们内心真正敬畏法律、尊重法律，以法治为其最高信仰。而恰恰相反，他的"被动守法"纯粹是因为考虑到违法收益和所得之间的比例关系及其风险较失调，难以管控的不得已之结果。同时，鉴于人性的复杂性和多样性，② 仍不可能完全从根本上排除少数人总是追求非法利益的可能性。③ 但无论如何，该预测作用还是基本可以保障社会中的绝大多数人能够依法行事。

第四，指引作用。基于前述这种乐观或悲观的心理预期，在现实中，行为人实际安排自身行为的具体方式，站在更高的层面，便构成了法律对其行为的一种有效指引。这里的指引，则更多指的是合法行为的指引。其中，既包括授权性指引，也包括义务性指引。要之，指引作用，是将存在于主观层面中的基于法之评价效能之上各种预测可能，真正落实到客观层面中的行为上来的关键一步。即它是静态范畴中的告知、评价和预测，穿透到动态范畴中实际行为的重要环节。

第五，强制作用。这里所指之法的强制作用，即是前面所讲过的法的强制力。在"法的特征"专题中我们已经知晓，法的强制力，尤其是法背后的国家强制力，本身即是法作为一种特殊性规则的必要条件。如若没有强制作用，基于人性固有的弱点，法的正向指引作用恐怕也很难得到普遍的实现。一个可供理解的反例，便是即使有《道路交通安全法》对于行人、机动车以及其他主体在道路通行领域作出了全面、明确的规定。但在日常生活中，肉眼可见的种种违章行为却依然是屡见不鲜。须知，这还是在该法已经具有法定强制力的情况下。而如果从

---

① 作为经济学范畴中的基本理论预设，理性经济人是指多数人行为动机总是以使其自身利益最大化为根本依归。

② 如有的人天生就具有反社会人格，以挑战法律秩序为乐，甚至成为一种强迫性行为模式。

③ 任何社会都不能完全彻底消灭违法行为，这种完美主义是不存在的。我们只能无限接近于它，而无法真正到达那个乌托邦的彼岸。反之，这也是法律思维的一种基本特征，即倾向于站在人性恶的立场上去思考问题的一种基本方式。

根本上彻底抽掉法的强制力这个"底板"，法律秩序又在多大程度上能够得到人们的遵守和维护，其结果几乎是不言而喻的。①

第六，教育作用。如果说，前面所谈到的"告知—评价—预测—指引—强制"作为一个完整的、法律作用于人之行为的全过程之概括和描述，较偏重于事实层面。那么法的教育作用，作为对这一过程中每一环节效能的抽象和提炼，则更加具有一种主观评价的价值色彩。中国有句老话叫作：言传莫若身教。讲的是一个好的教育者在教育过程中，最好的教育方法是通过自己的身体力行、以身作则来对被教育者起到一个引导、示范的教育之效果。法的教育作用，亦和此同理。在"法律—人"之行为的教育关系中，法律起到教育、启示作用，是贯穿于其从告知到强制的全过程之中。换言之，法律自身的主体性、存在性和作用性，即构成对人们在价值引领、是非善恶、合法倡导和违法禁止等方面最好的教育手段。

关于法的社会作用，一般是指法对群体意义上人的行为，所起到一种更"高级"、更深层次、更本质的作用。这种作用，首先就表现为法的社会管理功能，即在社会治理层面，法是一种最基本的管理和控制的手段工具。这种手段工具，是以权利、义务和责任为载体的。此即中国古代管子所谓：法者天下之仪也，所以决疑而明是非也，百姓所县命也。② 虽然古代社会同今天在国体、政体、法律制度等方面存有根本性差异，但在法作为社会治理的技术层面，则不可避免地带有一定程度的同构性，甚至同质性。当然，在根本上，这仍然体现了不同社会组织形态、政治共同体中的一种阶级力量对比关系。即法在其终极意义上，是作为一种阶级统治的手段和工具而存在的。

三、法 的 局 限

俗话说，钱不是万能的，但没有钱是万万不能的。与此同理，法的作用本身也可同作如是观。一方面，法的作用是人们期待和需要法律的原因所在。在当代社会，我们已无法想象一个完全没有法律存在的世界，该将如何存在并维系下

---

① 这就涉及民众法治意识培养、法治信仰塑造等问题了，将在后文展开论述。
② 参见《管子·禁藏》。

去；另一方面，对于社会生活中的种种问题，又不能完全纯粹依赖法律去应对和解决。换言之，法律基于其自身的性质和特点，而不可避免地带有某种固有的局限性。① 这种局限性，主要体现在：

第一，在调整方法和调整范围上，法律具有有限性。首先法只是众多社会调整方法中之一种。换言之，除了法律以外，还同时存有包括但不限于政策、纪律、道德、宗教、民约、公约等其他类型的调整方法。② 这些调整方法之间是并行的，彼此间是无法完全替代的。其次，现实中，法律调整和道德调整之间本就各有其不同的调整疆域。不是所有的社会生活都适宜或必须用法律去调整。例如，就拿日常生活中常见的恋爱行为来说，如果国家专门颁布一个如《恋爱关系法》的法律法规，将男女之间恋爱行为的条件、程序、步骤、方式等内容都以明文规定的方式予以框定，任何一个理智正常的人，都会觉得这是有些荒诞的，并且不具可操作性的。其理由在于，恋爱活动本是公民之私事，如果通过制定法律来强行进行干涉，甚至管控，那实际上代表了法律背后的国家权力本身借助立法深入私人生活空间，对其形成了挤压。个人自由则会因之荡然无存。该领域的行为调整，最多只能借助道德手段来进行。③

第二，在调整过程上，法律具有滞后性。社会是法律产生的基础，法律所调整的行为是来自社会生活之中的。某一特定时空下的法律，往往同该时空下的社会行为具有一一对应的关系。但社会本身，也是在不断发展变化的。因此，法律的相对稳定性和社会的绝对流变性之间会出现结构性的张力。这种张力的结果，就是法律往往难以"孔步亦孔，孔趋亦趋"地保持同步。例如，随着互联网、智能手机技术的飞速发展，个人信息已经越来越容易通过网络得到查找，这也是现在"人肉搜索"行为愈演愈烈，且一直未得到有效遏制的重要原因之一。面对这一虚拟世界中的行为失范，究竟该如何应对和处理。尽管 2021 年通过的《个人信息保护法》针对个人信息处理者、国家机关以及作为监管机关的网信部门在个人

---

① 与此同理，世间万物皆有其局限性，人也一样。否则，无论物或人，则皆因其"无所不能性"而成为了一种神性的存在。但现实中，这样的实体或范畴是不存在的，或者，是无法用证据来证明其存在的。

② 张文显主编：《法理学》（第五版），高等教育出版社 2018 年版，第 79 页。

③ 例如可以鼓励提倡自由恋爱、节俭恋爱、健康恋爱，不倡导恋爱中的功利化、世俗化，甚至庸俗化的附条件行为等。

信息处理过程中的权利、义务和责任作出了规定。但是，这些主体在性质上皆属于机构或组织，在追责中具有较强的可识别性和可溯源性。实践中，实施人肉搜索行为的主要是以公民为主体的个人，且其查找其他个人信息往往并不需要经过上述机构主体即可实现。因此，如何针对此类特殊主体的人肉搜索行为进行有效规制，是目前仍未得到根本解决的一个悬置性问题。而该问题，即是法在调整过程中的局限性之一典型例证。

第三，在实施条件上，法律具有受制性。其理由为，首先在源头起点上，法律实施是和人的要素密不可分、关联甚大的。如在立法层面，立法者本身的法律素养、立法技术的高低，对于一部法律的文本质量和现实可行性影响较大。其次在法律运行中，如在执法、司法层面，相关人员的法治素养，对于法律实施的效果同样也起着举足轻重的作用。这一点，在司法层面体现得尤为明显。如现实中间或出现的"同案不同判"现象，即是其中一例。再次在末梢终端上，公民的法治意识、观念和信仰，对于法律实施的实际效果也是不可或缺的。①

四、法常见的其他价值

在本讲最后，我们来略微谈谈关于法常见的一些其他价值，它们主要有秩序、平等、自由、人权、正义、法治、幸福等。在这一环节，我更多地将是以问题的形式，就理解每一具体价值过程中值得引起注意的内容仅予以提出，而不给予答案。恰如赵林教授所言，有时候提出问题，比自以为能够解决问题可能会更加重要。② 而至于说答案究竟是什么，在此权且将其作为一种"艺术的留白"，让读者自己去思考。这种思考，可能会贯穿于大家整个法学的求学过程，以及将来的法律职业生涯中。

第一，秩序。某种程度上，这是法最重要和基础的价值，也是我们理解法律价值的逻辑起点。何谓秩序，一般是指自然进程和社会进程中的某种一致性、连续性和必要性。反之，这种因果关系链条上的断裂，或曰之事物从一种状态到另

---

① 还是以《道路交通安全法》的实施为例，无论法律本身规定得多么详细全面，无论机动车，抑或行人，现实里大量的违章行为仍然广泛存在。甚至有论者认为，这是中国交通事故的发生率及其导致的伤亡人数，皆居世界前列的重要原因之一。

② 参见赵林：《西方哲学史讲演录》，上海三联书店 2021 年版，第 471 页。

一种状态的发展变化，失去了其可预测性，便称之为"无序"。① 依据前述马斯洛心理需求结构论，人们对于安全的需要是仅次于生理需要外的第二位需要。因此，秩序便成了建构安全感、维护安全感过程中的不可或缺之一环。在法律框架下，这种秩序是以权利、义务和责任在不同主体间的配置予以实现的。法律之所以存在价值和意义，首先便在于它能提供某种秩序。

但是，仅有秩序仍是不够的。盖因为，这只是一个事实判断的问题。在人们追求秩序的过程中。还有一个更重要的价值判断的问题，需要进一步地去思考和实践，即究竟什么样的秩序才是一个"好"的秩序，是值得我们去努力追寻的秩序。反之，对于那些"恶"的秩序，我们应该秉持一个什么样的基本态度？是无条件去遵循、遵守，还是通过斗争去改变。对于前者，一个典型的例子便是在第二次世界大战期间，纳粹德国、日本法西斯所建立的种族灭绝秩序、军国主义秩序当然是一种"坏"的秩序，需要全世界爱好和平、正义的人们去打倒和推翻。对于后者，中国自近代以来从晚清到民国，再到共和国的几次政权更迭，无不说明了面对一个相对较"恶"的秩序，人们作出了何种抉择的问题。当然，这些都是属于相对比较好判断的范畴。除此以外，关于秩序还有一些命题仍存一定争议。例如，在社会进程中，是否存在某种永恒的秩序，② 究竟该怎样建立这种秩序，③ 面对一个相对较恶的秩序，公民又该当如何自处等。④ 所有这些，已经不仅是一个个纯粹的法学问题，而带有较多的政治学，尤其是哲学思辨的色彩。关于这一类问题的思考，前面说过，可能需要我们每个法律人用一生去寻找答案。

第二，自由。这是一个看起来似乎是想当然，却又是内涵、外延和边界极其模糊的一种价值。作为一种原初意义上从束缚中解放的状态，人人尽皆向往之。但对它的解读，却又总是难逃其纷繁复杂、莫衷一是的宿命。其理由在于，作为个体进入社会，如果每个人都强调极致意义上的单数自由，那将势必同每个"他者"所理解的复数自由发生不可避免的冲突。如果这种冲突不能得到有效控制，

---

① 参见[美]E·博登海默著：《法理学法律哲学和法律方法》，邓正来译，中国政法大学出版社2004年版，第228页。

② 如是否可以从确定的宇宙秩序推导出确定的社会秩序。

③ 如是通过和平的改良方式，还是通过暴力的激进方式。

④ 如是仿效苏格拉底，明知城邦法律不正义、审判不公平还依然慨然赴死，还是先保全自己，后"揭竿而起"、厉行反抗。

社会必将因此陷入无休止的"自由的战争"中，走向解体和消亡。因此，才会出现卢梭笔下所谓"通过让渡，构建契约"的问题。"社会契约"是否存在，虽已被很多学者评判为"伪命题"。① 但它的前提，即"让渡"本身，在任何社会中都是客观存在的。这在我们的日常生活经验中即可得到部分证明。例如，在一个家庭中，如果家庭成员彼此之间不能够互谅互让、相互包容，而都习惯于我行我素、恣意妄为，可以想见，即便这个小共同体，也是断乎难以长期维系下去的。所以，所谓绝对的自由几无存在的可能，这是我们对于自由理解的一个基本面相。那么，对于一个社会共同体而言，究竟该如何通过法律制度来构建这种自由体系，一方面可以在一定程度上保障每个个体至少享有相当程度的单数自由，另一方面又能将这种单数自由控制在一定的限度和范围内，从而使得单数自由之和的复数自由，即社会整体意义上、国家层面上的自由得到巩固和保障。这个命题转化为宪法学话语，即公民权利同代表整体利益的国家权力之间，彼此的界限和尺度，又在哪里？这是我们从法律角度出发思考、理解自由的出发点之一。

此外，关于自由还有一个复杂的问题，即是否真正存在绝对的意志自由。为什么要关注这个问题，这就和我们之前讲过的法律行为结构存有一定的关系。现在大家已经知晓，在法律行为的结构体系中，尤其是在"动机—目的—行为"的线性结构中，外部行为首先是被决定于内部意志。意志是行为的源头，这个因果关系比较好理解。那么，意志本身的源头，又是什么呢？换言之，人们在每个瞬间所产生的想法、念头，有没有一个更高的、终极的决定之"初因"呢？如果没有，人们随时随地可以任意思考，那么得出有自由意志便是理所当然的。反之，如果存在"初因"，这个"初因"虽然不出场，但却决定了出场的想法、念头，那么在根本上，人其实是没有自由意志的，这就是哲学上所恒久争论的"决定论"和"非决定论"的问题。换言之，如果你秉承自由意志说，那么可以说，你是一个非决定论者；否则，当你不承认有自由意志，那么就是一个决定论者了。决定论和非决定论，对于我们将来深刻理解法律制度的发展流变及其规律是非常重要的。盖因为，任何法律制度都是人为创造的产物，而人的行为又是受其主观因素支配的。所以，如果依据决定论，那么就会得出从古至今的法律制度之发展演变，在根本上是遵循某种必然性、方向性的。否则，依据非决定论，那么只能推

① 即没有任何证据能够证明，这个所谓的"社会契约"在历史上真实存在过。

导出所有这些是来自纯粹偶然的。①

第三，平等。在表层意义上，平等价值常被表述为"法律面前人人平等"。这句法谚，不仅法律人将其奉为圭臬，即便非法律专业人士，多少对此也有所了解和认识。但是，作为一种抽象意义上的"资格、机会和资源上获取的均衡性之状态"，究竟该如何在现实制度及其实践中得到切实的体现，则仍是一个悬而未决的问题。毕竟，理想层面的平等，作为一种"政治正确"的宣示比较容易，如由《民法典》所确认，一切民事法律关系主体民事权利能力都是平等的，都应当平等地受到法律的确认和保护。但实质层面的平等落实，可能总会遇到一些难以避免的折扣。如在当前农村、城市在发展过程中事实上的"剪刀差"面前，怎样能够保障生活在不同环境下的受教育群体，能够在获取一流教育资源、受教育权上保持相对均衡性，已成为了一个日益为人们所关注的问题。在自然禀赋、客观环境所造成的不平等暂时无法抹平的情况下，又该如何通过制度方式去缓解或解决这种不平等，是从古至今仁人志士一直在苦苦思索的问题。②

如欲从根本上回应和解决这个问题，则首先建立在一个逻辑前提下，究竟什么才是真正的平等、实质的平等。这种平等，到底指的是经济的平等、资源的平等，还是精神的平等、尊严的平等。对于该问题，大家都有必要好好地思考一下。关于前者，我们在早年的社会主义建设过程中，曾经走过一些弯路。例如，在"大跃进"、人民公社时期，对于什么是共产主义，怎样实现共产主义片面的理解，都是过于强调利益分配过程中的"实益均衡"，大搞平均主义、大锅饭，结果因为众所周知的原因，最终导致流产、失败。改革开放以后，逐渐认识到，人和人之间基于自然禀赋、彼此能力的不同，从而导致在资源分配过程中，永远不可能达到绝对的"整齐划一"。因此，最重要的是如何正视这种客观差异性，通过建立相应制度来激励个体，在市场经济竞争体制中运用自身能力获取合法收益，即承认利益分配上的实质不平衡；进而，再通过二次转移支付方法，使"先富带动后富，最终实现共同富裕"。这个过程，从平等上来看，主要体现于首先保障形式平等，即机会的平等，进而实现实质的平等，即利益配置的平等。此一

---

① 这个结论和哲学上的怀疑主义、不可知论，已经比较接近了。

② 如从古希腊的亚里士多德到近现代的罗尔斯，都曾从分配正义、矫正正义的角度，去探讨实现实质平等的路径和方式。

点，是我们理解平等问题的两个向度。当然，当前在现实生活领域，一般大众主要还是先关注机会平等问题。以教育这种公共资源分配为例，如何在前述"城乡剪刀差"中，包括城市自身发展的不均衡状态中，通过建构相关制度相对保障每个个体尽量避免"输在起跑线上"，使得每个公民均能享受到相对公平的教育机会，便是党和国家一直以来极其重视并逐步予以解决的一个重要性问题。

此外，关于实质平等的问题，是否还包含有精神的、尊严的平等？这也是我们在思考平等命题中，无法回避的一个关键所在。其原因在于，一般情况下，即便社会制度、法律制度设计得再完美，理想状态、平均意义下的利益均衡，只是一种乌托邦式的浪漫，现实中几无可能。既如此，平等这一价值又将承载于何处，依归于哪里。本书认为，在从形而上、到形而下的逻辑脉络中，从源头上来看，一个首要和基本的问题便是形而上意义的平等，如何才能在一个社会中得到实现。而这个形而上意义的平等，从利益配置角度，主要反映为尊严这种精神利益是如何在社会成员中进行分配的。所谓法律面前人人平等，其前提就是承认每个人都应该作为一个人，在尊严上受到平等的对待。法律意义上的权利能力，只是这种尊严平等在制度层面的体现。此亦即黑格尔所言，推动人类历史不断进步的根本动力，是人之为人的固有需求，即希望他人将自身作为一个人来对待的——寻求承认的激情和斗争。而政治、法律制度的进步、进化，则正是这种承认的范围不断扩张的产物。这种扩张，也构成了人类文明形态从低级形态不断迈向高级形态的标志。

第四，人权。人权价值，从某种程度上是平等价值的一种延伸。盖因为，只有在一个社会相对平等的状态下，才有可能实现最大程度上的人权。反之，如若存在阶级压迫、权力宰制，则往往会带来人权剥夺、人道灾难。但作为人之为人所应当享有的权利本身，其内涵、外延究竟为何，时至今日，仍然是不同国家、地区，尤其是中国同西方聚讼不已的恒久话题，即这个所谓"应当享有"具体内容到底是什么呢？人权的所谓"普世性"，同习近平总书记谈及的文明"多样性""互鉴性"彼此之间的关系，又在哪里？凡此种种，皆是一个个悬而未决的问题，需要在实践中进一步去厘清。此间，虽然《世界人权宣言》中所列明的种种人权谱系，可作为一般性参考，但有一历史背景大家需要注意，即该宣言颁布于1948年，彼时中华人民共和国尚未正式成立。在国际上，代表中国的仍是国民党执政的"中华民国"政府。从1949年中华人民共和国成立到1972年重返联合国，其间已有二十余年。再加之新中国同旧中国及其背后的西方国家，在意识形态领域存有的斗争冲突。而该斗争冲突的一个重要体现，便是对于人权概念的理解和认识。这是我们当今在国际意识形态斗争领域，希望努力获取更大话语权的重要背景。关于人权的认知，正是这种"话语争夺"过程中的重要战场之一。①

第五，正义。正义女神的"普洛透斯性"，业已广为人所知。② 对于究竟什么是正义，如何达到正义，尽管罗尔斯在《正义论》中依据亚里士多德的正义观，提出了从分配正义到矫正正义的正义过程论、结构论，仍然没能从根本上彻底回答、解决这个问题。其原因在于，究竟如何分配以及怎样矫正，才能真正满足无论亚氏以及罗氏所理解的正义标准。实际上，在我们学习法律过程中，存有大量此类似是而非的问题。例如，在讲法律要素时曾提到的"公序良俗"法律原则，即为一例——究竟何为"公共秩序、善良风俗"，也是需要在实践中依托具体制度、案例去得到具体细化的问题。否则，如果仅以所谓"大多数人所认为的"话语去表达，则往往限于逻辑上循环论证的窠臼，而无法触及问题实质。

第六，幸福。幸福价值，是近年来法理学界所提出的一个新的法之价值类型。③ 依据付子堂教授的解构，它主要包括感性层面的生理性满足，以及理性层面的人之价值和意义的实现。④ 换言之，幸福价值，总是同人之自身及其存在方式密切相关的。而这两种关于幸福的标准，又分处两个不同的层面。其中，前者是人的生物性幸福，后者是人的超越性幸福，它们共存于对于幸福的理解和认识的统一体中。但需指出的是，关于幸福的理解问题，无论感性层面，抑或理性层面，皆非构成幸福的必要条件。换言之，有人生理有缺陷、有人因疾病而痛苦，但并不妨碍其精神的完善、伟大。反之，精神层面的持久痛苦，并非仅仅由生理因素所致。虽然，身体的健康对于幸福的感受的确十分重要，⑤ 但是，也非唯一

---

① 从当前来看，中华人民共和国作为第三世界的代表国家，主要是以集体的生存权、发展权为基础来作为建构自身人权理论的基石。

② 参见[美]E.博登海默著：《法理学法律哲学和法律方法》，邓正来译，中国政法大学出版社2004年版，第260页。

③ 参见付子堂主编：《法理学进阶》，法律出版社2016年版，第114页。

④ 参见[美]E.博登海默著：《法理学法律哲学和法律方法》，邓正来译，中国政法大学出版社2004年版，第260页。

⑤ 参见[德]叔本华著：《人生的智慧》，韦启昌译，上海人民出版社2008年版，第14页。

重要。如叔本华所言，作为一种主观感受，幸福总是同欲望的大小及其满足程度存有正比例关系。① 所以，如欲尽量达至幸福的状态、局限和节制，即适当控制欲望的边界，则显得尤为重要。② 那么，这种幸福又该如何通过法律得以体现，以期实现自然层面、社会层面和尊严层面的全面幸福。这就需要至少在立法层面，在某一法律关系中，配置相应的权利、义务和责任来予以落实。换言之，经过法律所确认和保护的"法益"本身，即构成夯实幸福基础的种种条件。所有一切，皆是本着"以人为本"的基本精神，反馈在正视人、尊重人和发展人的全过程之中，落脚在前述之从分配正义到矫正正义的制度构建中。③

---

① 参见［德］叔本华著：《人生的智慧》，韦启昌译，上海人民出版社 2008 年版，第 130 页。

② 参见［德］叔本华著：《人生的智慧》，韦启昌译，上海人民出版社 2008 年版，第 131 页。

③ 例如，《宪法》第四十五条所确认的公民在年老、疾病或者丧失劳动能力的情况下，有从国家和社会获得物质帮助的权利等规定，即在一定程度上反映了幸福价值的内涵和追求。

第十一讲　法　律　实　施

　　提要：法律实施属于法的运行论基本范畴，而法的运行，是指法从静态的文本到动态的实践过程中，所经过的一系列步骤、过程、环节和方式。美国大法官霍姆斯曾言：法的生命，即在于实践。因此，如无实践，则无法的运行，法律本身也就只能停留在抽象的纸面状态，无法发挥其应有的作用和效果。此外，即便从检视立法本身来看，如果不通过法律实施，是无法获知立法是否科学、合理的相关信息的。因此，无论从法的效果，以及法的实效等方面而言，法律实施是一个不可或缺的中间性环节。该中间环节，从时间维度、逻辑顺序来看，则贯穿了立法、执法、司法、守法和法律监督的全过程。鉴于法律监督的主要内容，是散见于从立法权到执法权，再到司法权的权力行使过程中的。所以，本讲所涉及的法律实施，主要包含有立法、执法、司法和守法四个方面的基本内容，而没有将法律监督纳入其中。这一部分内容，留待大家将来在学习《国家监察法》的相关内容时，再予以重点关注。

　　关键词：法律实施；立法；执法；司法；守法

一、立 法 概 述

　　立法解决的是法律实施过程中的源头性和基础性问题，即规则的来源。其中，又包含有两个基本内容：其一，谁来制定规则；其二，它如何制定规则。前者在静态上是关于规则制定主体及其权限的组织法问题；后者从动态上看，是关于规则制定过程的程序法问题。因此，所谓立法，一般是指特定的国家机关，依据法定职权（静态）和程序（动态）创制法律规范的一项专门性活动，它主要包括以下几个构成要件：

第一，从主体上看，立法主要是指国家立法机关。在中国，这主要是指全国人大及其常委会，以及地方各级人大及其常委会。当然，依据《立法法》，中国现行立法体系，还有一些其他的立法主体，也属于广义的立法主体范围。例如，制定行政法规的国务院，制定部门规章以及地方政府规章的国务院职能部门及各级人民政府，制定司法解释的最高人民法院、最高人民检察院及公安部①等。此之所谓，中国特色的"一元，两级，多层次"立法体制主体多样化的基本特征。

第二，从依据上看，立法要遵循法定的权限、程序。换言之，有权立法主体进行立法，不是恣意而为之。在《立法法》的框架下，不同层次、不同权限立法主体所享有的立法权及其行使方式，都是由法律所明文规定的，不能有丝毫的逾越。类似中国古代皇帝所享有的那种，基于"法自君出"的无边无际立法权限，在当代法治国家是断乎不可能存在的。

第三，从技术上看，立法具有较高的技术性。这种技术性，集中体现于两个方面。其一，在形式上，任何立法都是用语言文字所表达的。所以，这对于立法者的语言文字驾驭能力提出了更高的要求。而此一点，不仅见于对立法者的要求，实质上，对于任何法律从业者而言，语言运用能力都是十分重要的。这种语言运用能力，既包含了书写能力，也包括口头能力。所以，法学专业学生，从大一开始起，就要注意着力通过各种方法，去锻炼自己的综合语言运用能力——无论你过去是学习文科，还是学习理科，皆是如此。其二，在实质上，这种技术性还体现在，鉴于立法需要把社会生活中林林总总的行为类型、调整对象抽象提炼出来，将其上升为一般性、抽象性的法律规则。在此过程中，立法者的思辨、概括能力，也是这种技术性的重要标志。如前面谈到的故意杀人罪，对于一个成熟的立法而言，重要的不是行为的表象，而是其实质，即要从种种纷繁复杂的故意杀人行为中，找到它们之间的共性所在——故意非法剥夺他人生命。实践中，立法者在多大程度上能抽离出这种"共相"，即代表了在多大程度上，对这种实质的把握是否准确，就越能反映出立法者立法技术的高下之分。

第四，从权能上看，如前所述，立法首先解决的是规则从何而来的问题，即法律制定和认可问题。但有一点需提请大家注意，在立法权的权能种类中，除了制定、认可外，还有修改和废止之两端。如果说制定和认可解决的是法律规则

---

① 公安部作为司法解释的制定主体，一般是同"两高"作为联合主体。

"从 0 到 1"问题，那么修改解决的则是法律规则"从 1 到 1"问题，废止解决的是法律规则从"1"复归于"0"问题。换言之，它指的是法律规则在其存续的整个生命周期中，导致每一具体周期状态更迭的基本动因所在。这种动因，即为立法权权能发挥作用的表现之一。作为初学者而言，较容易把注意力放在制定、认可之两端，而常忽略立法权还有修改、废止两方面的内容。

二、中国现行立法体制

对于中国语境下的"一元、两级、多层次"立法体制的理解，具体是指：

第一，所谓一元，是指国家只有一个统一的立法权。该统一立法权，一方面，是通过中国特色的"议行合一"宪制体制得以体现的；另一方面，该立法权，在终极意义上，是受党权所支配的。①

第二，所谓两级，是指全国人大及其常委会，以及地方各级人大及其常委会。该两级主体是中国特色立法体系中最重要的两大支柱。

第三，所谓多层次，是指前述包括但不限于全国人大及其常委会、地方国务院及其部委、地方人大及其常委会、地方各级人民政府及其职能部门、特别行政区等在内的最广泛之立法主体。

从立法程序来看，一般则包括有从草案提出到草案审议，到草案通过，再到草案通过的全过程中。在此过程中，从当前立法惯例来看，法律草案的提出和审议是其关键性环节。实践中，提出法律草案的主体则往往有赖于政府及其职能部门，由其对自己业务主管范围内事权所涉法律问题提出专门的法律案。② 该法律草案交由司法行政部门③审议后，再由其送交人大审议。而在人大审议过程中，一般须经"三读、四表决"的程序，方得通过。同时，无论是议案主体，还是审议主体，在整个"提—议"程序中，都伴随大量的、反复的开会讨论、征求意见过程，以在更大程度上体现出立法中的人民主权原则，保障其科学性、合理性的立法目的能在最大程度上得以实现。

---

① 虽然党权本身，并未明确写入法律文本之中。
② 该立法惯例，一定程度上也反映了行政主导色彩。
③ 一般为各地司法局。

此外，立法中还有一问题需要引起我们注意，即"立法责任"究竟该如何得到反映。从法治国家的应然之义来看，任何权力之行使都应配置以法律责任机制。否则，国家势必将沦入权力意志任性恣意的渊潭。立法权力，也概莫能外。实践中，作为制定规则的权力需要被追责的条件，是规则本身的合法性可能存疑。这种存疑或瑕疵，既可能是规则同上位法之间的冲突，也可能是规则同宪法这一根本法之间的冲突。但问题的关键，不在于冲突本身，而在于当冲突出现后，如何追究该权力的责任问题。① 对此，《立法法》虽然针对此类情况，规定了有权国家机关以发回、改判和撤销的方式，来予以纠正。但其终究，这种责任追究方式不是一种真正的、围绕立法权力主体本身来进行的第二性义务之负担。换言之，该主体因其不当行使立法权力所制定的合法性、合理性存疑之规则，所带来的社会资源的浪费，势必需要该主体通过承担具体的责任，方得以实现。实践中，这种责任主要体现为违宪审查责任。所以，该问题实际就过渡到了如何通过建立健全、不断完善违宪审查责任机制，来切实有效地追究立法权力不当行使法律后果的问题。

三、立 法 原 则

立法的原则，一般是指在立法过程中所需要始终遵循贯彻的基本准则。从概念系属上，它也属于法律原则之一种。该法律原则，对于整个立法活动具有根本性的统摄作用。具体而言，主要包括：

第一，合法性原则。该原则是指立法权力的行使，必须要在法律框架下进行，而不能有丝毫的逾越。即俗称的"将权力关进制度的笼子里"在立法层面的体现和反映。这个笼子，首先，表现为宪法的笼子。例如，《立法法》第五条规定，立法应当符合宪法的规定、原则和精神，依照法定的权限和程序，从国家整体利益出发，维护社会主义法制的统一、尊严、权威。其次，则表现为法律的笼子。又如，《立法法》第十一条规定，"下列事项只能制定法律：（一）国家主权的

① 可考虑引用追责理由为：立法权力行使过程，总是伴随大量资源的投入。因此，当立法权不当行使使得某一不合法、不合理规则通过时，其实质则造成了对于这些社会资源的浪费。所以，应当通过责任追究机制，来对该权力不当行使之状态和结果，施以某种否定性评价。

事项；（二）各级人民代表大会、人民政府、监察委员会、人民法院和人民检察院的产生、组织和职权；（三）民族区域自治制度、特别行政区制度、基层群众自治制度；（四）犯罪和刑罚；（五）对公民政治权利的剥夺、限制人身自由的强制措施和处罚；（六）税种的设立、税率的确定和税收管理等税收基本制度；（七）对非国有财产的征收、征用；（八）民事基本制度；（九）基本经济制度以及财政、海关、金融和外贸的基本制度；（十）诉讼制度和仲裁基本制度……"。最后，则表现为程序的笼子，即前述关于从草案提出到表决通过的一般流程。

第二，科学性原则。该原则的内涵，主要是指要根据社会主义初级阶段基本国情来立法。改革开放总设计师邓小平同志曾指出，我国仍处于社会主义初级阶段，并将长期处于这个阶段。从立法角度来看，它也是在一定程度上决定立法科学性与否的重要标准，即立法本身要遵循该阶段的基本规律，不能过于超前，也不能明显滞后。至于说如何明确界定"超前"或"滞后"，则还是要回到社会主义初级阶段的基本矛盾上来——人民群众日益增长的物质文化需要同落后的社会生产之间的矛盾。该论断在新时代，又被习近平总书记进一步表述为：人民日益增长的美好生活需要和不平衡不充分的发展之间的矛盾。换言之，立法的标准和尺度，均须以人的需求作为其主要指针和根本依归。在这一点上，一个可供参考的域外经验是，无论是美国，还是苏联，都曾经以增进人民身体健康为由，颁布过所谓的"禁酒令"。但实践中，这两个国家的"禁酒令"皆未能起到立法者所希望发挥的效果，反而导致地下酿酒作坊、"黑市"酒交易的盛行泛滥，而最终只能被迫不了了之。其原因，便在于"禁酒令"本身同人性中的某些基本需求是严重违背的。① 在这种情况下，制度的失灵，便是一种不可避免的宿命了。

此外，立法科学性原则还有一重要标志，便是要依据"权利—义务""义务—责任"的平衡的基本机制去立法。关于这种平衡机制，在此前法律关系专题中，已经花了较多篇幅为大家进行讲解。这里需要再次强调的是，这种权义平衡、义责平衡机制，是如何在法律文本中得到实现的。关于前者，前面专题中已经列举，在此兹不赘述；关于后者，主要是指在立法中，一个理想主义的状态是配置一个义务，即需要对应一个责任。唯其如此，法定义务才是一种真正的义务——

---

① 这种需求，在一定程度上表现为面对生活的种种压力，人们总需要用酒来获取片刻的放松和愉悦，有时是一不可避免的行为倾向。

盖因其有法律责任条款为其实施保障；反之，如果徒有义务，没有责任，那么这种表面化的义务性规定，因其缺失法律责任为其背书，实质上并不能获得现实落地，而只能沦为一种"文本的浪漫"，徒留其装饰性价值。

第三，民主性原则。孙中山先生曾言：政治是管理众人之事。既为众人之事，那么自然就应由众人来共同管理，更具有逻辑和现实中的自洽性。此亦即"人民共和国"的题中应有之义。这种对于公共事务共同管理的原则和制度，便是民主性原则的一种反映。在中国现行宪制中，立法过程中的民主性，主要是通过人民代表大会制度来体现的。所以，究竟该如何进一步落实立法中的民主性原则，就首先自然转变成了如何通过人大制度，来更好地贯彻民主性原则。① 但这也并非问题的全部方面，须知，在法案提交人大审议、表决前，议案主体如现实中常见的行政机关等，在议案过程中会通过召集大量的调研会、听证会来听取民意，并把这种民意的内容部分反馈到法案起草过程中。这本身，也是民主性原则的另一种反映。当然，在此过程中，对于调研会、听证会等征求民意的管道方式，是否需要以法律制度的方式为其作出一个相对刚性的规定，如明确在法案起草过程中调研会、听证会等的类型、频率、方式、步骤，则是一个在立法实务中值得讨论的另一个问题了。但无论如何，作为国家权力中最基本和重要之权力的立法权，在其行使过程中始终应当贯彻民主性的原则，无论从理论上，还是从现实中，都是不存任何疑义的。②

四、执　　法

所谓执法，是指国家行政机关，法律授权、受委托组织及其工作人员，在行使行政管理权过程中，依照法定职权和程序贯彻实施法律的活动。从数量来看，执法活动是法律运行过程中发生频率最高的一种类型。其理由在于，作为执法主体的行政机关，在现实中承担着大量而繁杂的社会管理事务。这些社会管理活

---

① 例如，该如何加强人大代表同人民之间的有机联系，使其能够更好地反映人民的意愿，表达人民的诉求。

② 事实上，立法中的民主性，也是整个政治过程中民主性不可或缺之组成部分。人民的意志在多大程度上能得到表达，通过怎样的方式得到表达，本身即为人民自身主体性之凸显、尊严性之彰显的一种重大伦理性价值。

动，主要就是通过执法来予以体现的。一个人一生中，或许永远不会和立法机关及后面将要谈到的司法机关打交道。但如果说想不与执法机关发生任何关系，在现代社会，这是几乎不可能发生的事。这个过程在中国，在自然人出生之前办理准生证时，便已开始了。① 从出生之日起，自然人生命周期范围内的生、老、病、死等诸事，包括每天活动于公共空间中受交通管理法规调整等，莫不是同行政机关发生着或明或暗、直接间接的关系。换言之，广义的执法活动，是无处不在的。此一点，是我们认识执法的一个基本理论、现实框架。

具体而言，在对执法的理解层面，有几点需要特别指出，并提请大家注意的：

第一，在主体上，除了行政机关外，授权组织、受委托组织都是执法主体的类型之一。现实中较常见的是授权组织，该组织是指在行政管理活动中，根据法律、法规的授权行为行使某些行政职权并承担相应义务的企事业单位、社会群体和群众性自治组织。授权组织本身在性质上不属于真正的行政机关，其是依据法律法规授权，并通过行使被授予之权力而享有部分行政管理权。实践中典型授权组织之一，便是高等院校，它所颁发的学历、学位证书即是教育部依据《国务院学士学位授权和授予管理办法》（以下简称《办法》）所实施的行政管理行为②——《办法》第八条规定，经教育部批准设置的普通高等学校，原则上应在招收首批本科生的当年，向省级学位委员会提出学士学位授予单位授权申请。与此类似，其他公用企事业单位，如国家电网、银行、铁路、邮政、电信等，皆可在各自业务范围内依法行使相应的授权管理权力。此外，委托组织是指国家行政机关在自己职权范围内，将某项行政职能委托给某一机关、机构、企事业单位、其他社会组织办理的一种主体类型。它同授权组织之间最大的区别，是在于授权组织往往是以自己的名义做出行政行为，而受委托组织只能以委托组织名义做出行政行为。换言之，在行政诉讼中，前者自己即为被告，后者自己不能单独作为被告。

第二，在范围上，执法行为涉及较广泛的社会事务，除前述微观层面的从个人出生到死亡的全过程外，更有宏观层面的社会生活方方面面内容。例如，近年来，我们在社会治理过程中，常会提及的"综合行政执法权下沉"模式，即是一

① 一般是到夫妻双方中的一方户籍所在地的街道办事处或乡镇人民政府办理。

② 从归类上，授予学位较接近行政许可。

典型。依据《地方政府组织法》第六十九条之规定：街道办事处在本辖区内办理派出它的人民政府交办的公共服务、公共管理、公共安全等工作，依法履行综合管理、统筹协调、应急处置和行政执法等职责，反映居民的意见和要求。同时，修改后的《行政处罚法》第二十四条也规定：省、自治区、直辖市根据当地实际情况，可以决定将基层管理迫切需要的县级人民政府的行政处罚权交由能够有效承接的乡镇人民政府、街道办事处行使，并定期组织评估。在各地因地制宜、展开探索过程中，仅以湖北省、武汉市为例，即首批设定了 249 个赋权事项，涉及部门及法规十余项，基本涵盖基层行政管理的方方面面。① 执法范围的广泛性、复杂性，由此可见其一斑。

第三，在方式上，执法总是以积极、主动的态势介入社会生活。这种能动性，甚至是强势性，在我们的日常生活中是随处可感的。例如，交管部门针对违法违章车辆开出罚单；又如，城管部门针对违章建筑的强制拆除；还如，市场监管部门对于规范经营的督导检查等。② 这些执法活动，往往都是以行政机关"主动出击"的方式来进行的，从而构成我们理解执法主动性的具象化资源。

五、司　　法

司法，依据业界通说，系指审判。习近平总书记即指出：司法活动具有特殊的性质和规律，司法权是对案件事实和法律的判断权和裁决权。③ 虽然在中国现行司法体系当中，检察权、审判权是被归于广义司法权的范畴之内，但终究，该体系还是要落脚于人民法院所行使的审判权本身，即法院处于居中之地位，来对相互对立的诉求根据证据还原事实，通过针对是非曲直的条分缕析之过程，并依据法律作出裁决，它的特征主要有：

第一，在缘起上，司法具有被动性。在大多数情况下，司法权，尤其是审判

---

① 余超、杨丽娟：《综合行政执法权下沉改革：成效、困境和对策——以武汉经济技术开发区(汉南区)为调研对象》，载《江汉学术》2023 年第 4 期，第 94~103 页。

② 需指出，在综合行政执法权下沉的大背景下，这些执法活动除专属交管部门职权外，大多数已经下沉到乡镇、街道所新设的"综合执法中心"来行使。

③ 转引自张文显主编：《法理学》(第五版)，高等教育出版社 2018 年版，第 251 页。

权的行使，总是较依赖当事人去主动发起诉讼程序，于正式立案后方得进行。①
此亦即诉讼法中所谓的"不告不理"原则，这同行政权行使在法定上的主动性、
积极性，则形成了鲜明的对比。②

　　第二，在过程上，司法权的行使总是通过一个说理性的过程来实现的。这种
说理性，主要体现在司法权，尤其是审判权之应用，是在诉讼过程中保障当事人
充分的诉讼权利，通过各自"摆事实、讲道理、找依据"的动态过程来最终达致
某一法律论断的产生。这种理性认知的过程，既存在于过程里，也反馈于结果
中。正因为此，司法权之行使，更强调程序性，期望通过程序正义，最终实现实
体正义。而反观执法活动，则更加明显地强调其效率性，即所谓的"令行禁
止"。③

　　第三，在知识上，司法权具有更强的专业化色彩。大家一个直观的感受，便
是全国法律职业资格统一考试的存在。一个真正意义上的法律共同体中的从业
者，首先在形式上，必须就要通过这个考试，才能具备从事包括但不限于法官、
检察官、律师等在内的法律实务工作的基本条件。这个条件，即是一种专业性的
门槛。这就好比学习医学的学生，如果不能通过医师资格考试，既不能称之为一
名合格的医生，其也不能从事实际的临床医学工作。其次在实质上，运用法律解
决具体的矛盾纠纷、诉讼案件，本身也是一门专业性较强的工作。如果没有长期
的法学科班教育、法律实务经验的积累，是断乎难以胜任的。这一点，在世界各
国、各地区业已达成普遍共识。④ 正基于此，在目前国家和各地公务员招考中，
作为司法机关的法院、检察院一般会把通过法律职业资格考试作为报考时的刚性

---

　　① 近年来，在环境保护公益诉讼中，出现了以人民检察院为代表的检察权主动发起针
对破坏环境公益诉讼的新情况(含行政公益诉讼和民事公益诉讼)，可以视作司法能动、主动
行使的新例。但如以审判权为司法权核心的终极参照，这种权力行使在缘起上，仍然具有明
显的被动性色彩。

　　② 现实中，也会出现执法活动因群众举报而实施的情况，但这不能作为行政权行使也
是被动的理由。其原因在于，看权力行使过程中的主动、被动和是否要从机械论角度分析
在多数情况下，其运动是由自身引发，还是外力所致。

　　③ 这并不意味着行政权行使过程中就完全排除强调摆事实、讲道理、找依据，只是相
对司法权行使中的理性依赖，行政权的效率导向更明显。

　　④ 关于法律职业群体究竟应当具备怎样的职业素养问题，将在后面"法律职业"专题讲
授中，再予以展开。

要求之一。此外，随着国家依法治国、依法行政的法治意识逐渐增强，在公务员招考中，即便是行政机关，针对某些特定岗位，如行政执法岗、法制审核岗等，也开始纷纷效仿。换言之，司法的专业性要求，在不同领域皆有扩张化的倾向。

六、守　　法

就其概念而言，守法是指国家机关、社会组织和公民个人依照宪法和法律的规定，行使权利(职权)和履行义务(职责)的活动。[1] 从形式上看，守法首先即要求所有社会主体皆需依法而为。从实质上看，它还隐含了一个该如何才能让所有主体依法而为的核心命题。而在某种意义上，当我们去努力创建、实现一个法治秩序、法治理想时，彼岸意义上的蓝图设计固然重要。但究竟该如何从此岸到达彼岸，是更需要从实然意义上予以关注、落实的问题。否则，所谓法治也只能高悬空中，徒留其海市蜃楼、镜花水月的效果。本书认为，在这个问题上，鉴于无论是抽象意义上的国家机关、社会组织，还是公民个人，其根本都是由人这个基本单元所组成的。因此关于守法的相关问题，本质上还是一个人的问题，即如何才能让一个政治共同体中的人，无论其身处何位、是否有权，皆能自觉、自愿、自动地依法而为。所以，在具备了较完备的法律体系的前提下，进而还需解决一个国家内部人们的法治信仰。恰如卢梭那句被广为引用的名言：一切法律之中最重要的法律，既不是刻在大理石上，也不是刻在铜表上，而是铭刻在公民的内心里。

所以，守法在本源上总是具有较强的个体化色彩。该个体色彩，在中国语境中，不仅指代"老百姓"，更加指代"体制内"。甚至从某种程度上，体制内的守法，或许比老百姓的守法来得更加重要。其理由在于，党员干部作为"关键少数"，如能带头守法，其"头雁效应"当可辐射、覆盖其他群体。正所谓孔子有云：子率以正，孰敢不正?[2] 另一方面，广大人民群众作为守法规模上的更大群体，其守法意识、守法程度对于建设社会主义法治国家，关系实堪甚大。当然在实践中，立法者所期待的法律实施状态有时也并非能够完全得到贯彻落实。例

---

① 张文显主编：《法理学》(第五版)，高等教育出版社 2018 年版，第 255 页。

② 参见《论语》。

如，如前所述，在部分城市中的红绿灯路口，市民尤其是行人，在没有外力干涉、约束的情况下，在多大程度上能够自觉、自愿地遵守"红灯停，绿灯行"的交通管理法规之要求，在不同的城市，会有较不同的表现。① 这正体现了当前在法律实践环节中，公民守法意识还有待进一步的提升。

归根结底，守法的本质是对规则的敬畏。而该如何培养人们对于规则的敬畏之心，是一个需要从小在国民教育体系中，就予以关注和强调的问题。当然，关于公民法治信仰的塑造和固化，现实法治环境也是另一不可或缺的关键因素。此间，恰如习近平总书记所言，要让人民群众在每个司法案件中都感受到公平正义。通过这种对于法治的正向感受和持续激励，或是夯实该法治基础的重要中间性环节。

---

① 包括机动车是否礼让行人、不加塞、不压实线等情况，皆属于此类。

第十二讲　法　律　方　法

提要：法律方法，是指在法律实践、法律运行过程中，相关主体在应对、解决具体法律问题时所使用的各类方法之总称。这些法律问题，既包括法律实务问题，也包括法学理论问题。反之，如果不借助这些法律方法，此类法律问题则无法得到相对圆满之解决。而在法律方法谱系中最主要的有三种：法律解释、法律推理和法律论证。① 其中，法律解释是围绕法律条文、法律规则来进行语义解读、文法分析，法律推理是运用理性来展开逻辑推演、获取正当性，法律论证是直面价值冲突来围绕争点、进行取舍。它们共同聚焦并统一于待解决法律问题这个中心，试图实现逻辑上的自洽性和现实中的完整性，最终达致获取某种法律适用过程和结果的正当性和合理性。

关键词：法律方法；法律解释；法律推理；法律论证

一、从方法到法律方法

与前同理，首先认识方法，是我们理解法律方法的前提和基础。何谓"方法"，一般是指人们在认知、实践活动中所采用的系统性、结构性之模式、程序和步骤。同法律方法类似，方法也是服务于解决问题之本身的，是问题从待解决状态的此岸、到达被解决状态彼岸的中介和桥梁。在此意义上，方法首先即具有

---

① 有学者如张文显教授认为，法律发现，即：从案件事实中识别出法律关系，进而将该法律关系应用于具体法律规范，也可构成一种独立性的法律方法。本书认为，法律发现似乎更是一种过程性的描述，而非方法性的应用。换言之，在这个过程中，无论是对客观事实的法律提炼，还是对法律规范的适用寻找，还是会用到前面三种基本方法。因此，后者在法律方法体系中更加具有基本底色的固有特征。

历时性的特点。同时，人们在运用方法时，又总是带有某些结构主义的倾向色彩。即一种解决问题的程序和步骤，之所以被称为方法，很大程度上是基于其作为一种模式化、稳定性的存在，从而具有较强的可复制性和可重复性。方法的持续进化，正是通过不断复制、重复，得以不断提炼、升华，这是方法所具有的另一个共时性特点。循此理路，法律方法是指法律人在法律适用、法学研究中用于解决具体法律问题所使用的独特模式、步骤的总称。和一般方法所不同的是，它的使用场景主要是服务于法律人这个特殊职业群体，为解决包括但不限于法律实务、法学研究中的专业性问题而存在。

二、法律解释

作为法律方法中的基础方法，法律解释存在的必要性主要是源于法本身的局限。这主要体现在：其一，鉴于任何法律都是用特定语言所表达的，而语言表达自身固有的局限性，使其并不能在"所指—能指"关系建构中，清晰明确地对每一个表达对象及其范畴做出框定。所以，总需要从语义学角度，对其予以进一步的释明。其二，基于法律滞后性的特点，任何法律都是在特定历史条件下，针对某一行为所作出的类型化概括，进而形成特定的调整机制。而随着时势变迁，原有的类型化概括总难以囊括出现的新情况、新问题。所以，即便从功利主义角度出发，也需要对原有法律重新解释，以满足某种现实性需求。

从法律解释分类来看，首先需要了解的第一个标准，就是解释的效力。依据法律解释效力之有无，可将其分为有权解释和无权解释。所谓有权解释，顾名思义就是具有法律效力的解释。法律实践中所常见的立法解释、执法解释、司法解释，即属本类；反之，无权解释是指不具备法律效力的解释，常见的无权解释是学理解释。所谓学理解释，是指法学研究者在研究过程中对法律所作的解释。鉴于学术争鸣的多样性、复杂性，这种解释可能呈现出"百花齐放、百家争鸣"的局面。但无论如何，学者所作的法律解释一般仅是代表其个人学术观点，通常不具有普遍的法律约束力。①

---

①　在人类法律历史发展过程中，古罗马时期曾出现过以乌尔比安等为代表的"五大法学家"阶层，其法学著作及其法律解释同法律具有同等法律效力的特殊阶段，这也是学理解释在法律史中昙花一现的高光一刻。

其次，就解释方法观之，还存有以下几种主要的解释方法：其一，文义解释。从语言学角度，根据语法规则对法律所作的解释。其二，体系解释。从逻辑学角度，从法律规范内部结构、外部系属对法律所作的解释。其三，历史解释。从历史学角度，在历史背景下对法律所作的解释。其四，目的解释。从本质学角度，从立法原意出发对法律所作的解释。其五，当然解释。从比较学角度，从类推类比出发对法律所作的解释。①

最后，在解释范围上，还可将法律解释分为扩张解释和限缩解释。前者是指做出的超出原有字面意思的法律解释。以"寻衅滋事"为例，其最早是针对公共场合中的肆意挑衅、随意殴打、骚扰他人等行为进行调整，所创设的法律概念。进入 21 世纪以来，随着计算机、互联网、智能手机技术的发展，为了更好解决网络空间治理问题，遂将在虚拟空间中的不当言论表达行为，也归于"寻衅滋事"的范畴之内，实现了其扩大化适用的效果。② 这种扩大化适用，就是建立在对原概念进行扩张解释的基础之上的。

后者是做出窄于原有意思的法律解释，例如，《刑法》关于"为境外窃取、刺探、收买、非法提供国家秘密、情报罪"中的"情报"，被解释为"关系国家安全和利益、尚未公开或者依照有关规定不应公开的事项"。换言之，不是所有情报皆能成为本罪的犯罪对象。只有那些具有较高价值且尚未公开的情报，才符合成立本罪的必要条件之一。

三、法律推理

如果说，法律解释仅是针对法律之网的基本构成要素之法律概念，所适用的是一种基本静态法律方法。那么，法律推理则是在法律概念运行过程中，即其进入法律规则领域时，所适用的一种扩展动态法律方法。实践中，这种法律方法是通过遵循逻辑学上的三段论证明原理，即通过"大前提+小前提→结论"的方式来进行的。其中，大前提是指法律，小前提是指案件事实，当具体案件事实同法律

---

① 鉴于大一学生现阶段的特点，对于上述种种解释方法仅做一般常识性了解即可。

② 参见最高人民法院、最高人民检察院《关于办理利用信息网络实施诽谤等刑事案件适用法律若干问题的解释》。

相结合，即可推导出其法律上的结论。例如，《刑法》第二百三十四条规定，故意伤害他人身体的，处三年以下有期徒刑、拘役或管制，即为大前提；小前提是某甲将某乙打成重伤。结论是某甲被判处两年有期徒刑，即是一个典型的满足三段论式逻辑自洽性的法律推理之过程和结果。与此同理，还可另举一非法律推理来进一步说明这种推理方法。再如，大前提是参加这次会议的都是高级法官；小前提是这些人都是参加这次会议的。结论是这些人都是高级法官。又如，大前提是犯罪嫌疑人是有作案时间的；小前提是这些人没有作案时间。结论：这些人不是犯罪嫌疑人，诸如此类。

由此可见，三段论式的法律推理及其所蕴含的核心要义，无论是在法律实践上，还是社会生活中都是普遍存在的。在此意义上，其可称得上是运用频率最广泛的一种推理方法。但是，法律推理也不是万能的。基于形式逻辑本身的固有缺陷，有时会陷入一种逻辑推演同现实情况不相符合的一种"二律背反"的矛盾中。古希腊著名哲学家芝诺的诡辩论，就是一个著名的例子。如在"阿喀琉斯追乌龟"的论证中，大前提是阿喀琉斯要想追上乌龟，首先必须到达乌龟刚才出发的点。小前提是当他到达那个地方时，乌龟已经向前爬了一小段。结论是阿喀琉斯只能无限接近乌龟，却永远也追不上乌龟。显而易见，这种推理过程及结果，在逻辑上似乎是成立的，但因其割裂了事物运动过程中的间断性和连续性之间的统一关系，因为过于关注前者而忽略了后者，因此落入形而上学的窠臼。[1] 在现实中，也是根本不可能发生的。

与此同理，在著名的"上帝悖论"中，同样可见形式逻辑这种缺陷的再次上演。大前提是上帝是全知全能的；小前提是上帝能创造出任何东西。结论是这种全知全能当然包括创造一块他也举不起的石头。然而，当上帝能够创造出一块他也举不起的石头时，实际上构成了他是全知全能的反证。对于这个问题，西方的基督教本身，似乎也没能给出一个令人信服的答案。因此，推而广之，在很多时候人们就需要借助一些其他的法律方法，去应对和解决这些仅靠形式逻辑已然无法单独完成任务的问题。

---

① 参见赵林：《西方哲学史讲演录》，上海三联书店 2021 年版，第 105 页。

四、法律论证

因此，法律论证为解决上述问题应运而生，简言之，它一般是指在不能直接单独适用一种法律推理的前提下，面对基于不同推理体系所推导而出的、彼此相互冲突的相异法律结论或价值，通过一个信息交互、相互辩论的动态过程，再经过辩证取舍，从而获取某种法律主张的正当性之一种特殊的法律适用方法。理解法律论证有两个关键性哲学思维基础，其一，去中心化。即在进行法律论证时，不是围绕某一个孤立的法律概念、法律规则，去进行单纯线性的形式逻辑推理；反之，它是需要在不预设任何前提的基础下，通过"主体间性"方式，在一个动态过程中逐渐生成某一法律结论。其二，泛商谈性。这是对"主体间性"进一步的过程描述，即通过设置一种让各方主体皆能广泛参与、充分表达的程序机制，从而使得各方在这样一个相对充分的信息供给平台上，最终实现法律上所追求的公平正义之结果。显见，虽然大家可能没有系统地学过诉讼法，但从各类影视剧及日常生活经验中即可推知，诉讼程序就是一个典型的法律论证的体制机制之设计，因为它为参与诉讼的各方主体，至少提供了一个主体间性、充分表达的基本场景和制度条件。

下面我用电影《我不是药神》中的故事原型"陆某销售假药案"，来进一步说明法律论证是如何在个案中发挥其作用功能的。在该案中，陆某为了帮助广大白血病病友吃上便宜药，多次只身前往印度购买大量仿制药后，再以平价方式卖给这些病友的行为，如果从形式逻辑的三段论来推理，构成本罪几无疑义。实际上，这也是其为何开始会身陷囹圄的重要原因，但本案的审理法官并没有完全依据形式逻辑推理方式来判案，而是折中使用了法律论证的法律方法。即销售假药罪所保护的法益，是国家对药品的监管秩序以及人民群众的生命健康。而在本案中，陆某销售印度仿制药的行为，虽然侵犯了国家正常的药品监管秩序，但鉴于其事实上的确拯救或延续了很多普通白血病患者的生命，改善了他们的生存质量。因此，当秩序的价值同生命价值发生冲突时，显然后者理应而且永远应当是一种更重要的价值。所以，他的行为最终才被判定为无罪。

五、结　语

在本讲最后，我们对这三种主要法律方法试做一概括和总结。这种概括和总结，主要通过它们彼此之间的差异化比较来得以体现的。

第一，在主要目的上，法律解释是为了释明规范，法律推理是为了推导结论，法律论证是为了生成结论。

第二，在思维方式上，法律解释是中心化的，紧密围绕待解释对象来进行；法律推理是逻辑线性的，通过直观外推实现因果传导；法律论证是去中心化的，借助价值取舍进行综合判断。

第三，在彼此关系上，法律解释是前提，法律推理是过程，法律论证是结局。

需要指出的是，除了本讲所涉及的三种法律方法外，在法律方法论的谱系中，还存有一些其他的法律方法，如法律发现等。所谓法律发现，一般是指找到法律适用的依据。具体而言，又可分为两个阶段，一为法律识别，二为法律选择。① 通俗来讲，前者是指社会生活中的某一问题究竟是不是一个法律问题。只有首先被判定为一个法律问题，才有可能进入下一个阶段，即是一个什么法律问题，具体应当通过适用哪部法律来予以解决。这也是我们在适用法律方法时，所应当予以明确的前提和基础。

---

① 参见张文显主编：《法理学》(第五版)，高等教育出版社 2018 年版，第 292~293 页。

第十三讲　法　律　职　业

　　提要：法律职业是法治建设的主导力量，同时，也是大家将来主要的从业方向之一。相信大多数同学现在选择来法学院学习法学专业，就是为了在未来能够从事自己所理想的法律职业。所以，对于究竟什么是法律职业，它对于一个从业者而言到底有哪些具体的要求，是作为大一阶段法学专业学生首先需要了解的基本内容。本讲除了跟大家介绍常见的法律职业类型及其职业技能、工作状态外，更为重要的，是向大家讲解关于从事法律职业所应具备的一些特殊伦理要求和技能要求。而正是这些"道"和"术"，构成了法律职业赖以存续和发展的基石。了解这些内容，对于法学学子较早找准自己的职业定位，科学进行职业生涯规划，合理安排当下学习等，相信都是有所裨益的。

　　关键词：法律职业；职业伦理；职业生涯规划；个性

一、从法律职业到法律人

　　狭义的法律职业，一般是指接受过系统的法学科班教育及实务训练，能够基本具备从事法律实务工作能力素质的专业人士，即所谓的法律专家。但大家千万不要觉得，"专家"是个很唬人的词。在某种意义上，它也只是一个知识层面的相对性概念。鉴于每个人所掌握的知识内容，都是有限的；没有一个人能够穷尽世间所有的知识体系。因此，在一个知识拥有的比较优势状态中，具备了某一知识体系者相对于不具备该知识体系者而言，当可称之为至少是在该领域内的专家了。正所谓，隔行如隔山是也。所以，大家在将来学了四年法学，并经历了完整的实习实训过程后，比起完全不懂法律的一般普罗大众而言，肯定可以称得上的是法律专家了。在这一点上，是不用表示过分谦虚，而要有基本的自信的。

同时，这个"专家"群体还有一基本特点，即有着共同的语言及其思维方式。何谓"共同的语言和思维方式"，一言以蔽之，是指在思考问题时，是用一种基于法律职业所特有的方式去思考、去实践。例如，在立场上，法律职业总是倾向于保守主义的。这种保守主义，既有对人的，也有对事的。归根结底，其主要还是对人的。即总是站在人性恶的立场上，去思考问题，进而努力设计出一套防范人性恶的制度。也即俗称的先小人，后君子。再如，在框架上，法律职业总是习惯于将一个具体的社会关系，还原成抽象的法律关系。唯其如此，方得找到其调整依据，并将它作为适用法律方法的前提和基础。还如，在内容上，法律职业总是落脚于将权利、义务作为构建、连接法律关系的基础，并将其作为人和人之间处理具象关系的准则。这就导致，在同非法律职业群体比较，这个群体在其工作及生活中为人处世，总会具有较明确清晰的边界感、距离感甚至分寸感，有时甚至还会给人带来一种"不近人情"的错觉。①

但我想强调的是，仅成为"术"之层面的法律专家，并不能真正诠释这个职业、这个行业最重要的价值和内容，这就是涉及对于"法律人"这一广义法律职业的理解和认识问题。如何才能成为一名真正的、合格的"法律人"？除了具备基本法律知识外，更重要的是还要拥有较高尚的法律职业伦理。即从形而下的"术"，扩展到形而上的"道"。换言之，只有两者兼备，才能称之为一个合格的法律职业共同体中的一分子。那么究竟何为"高尚的法律职业伦理"呢？在前面讨论的法的价值问题时我们虽然谈到，对于究竟何为公平、正义目前尚未达成一个普遍的认识。但是，实然状态下的标准模糊性，并不能从根本上否认它在应然意义上的存在根本性。换言之，既然大家选择了这份职业，就应当把社会的公平和正义作为用一生去努力探索和追寻的目标。无论在将来，你选择法官、检察官、律师，抑或哪一种法律职业的角色扮演，皆应坚守这一根本底线。② 该底线，即基于法治信仰基础上的法律职业伦理之追求，构成了该职业群体在"同质性"层面最重要的内涵。

---

① 笔者认为，在法治进程中，这种人和人之间建立、处理关系的界限感是非常重要且值得提倡的。

② 在这里需要强调的是，哪怕从事律师职业这一带有较强商业性色彩的法律职业，也不能单纯地把赚钱作为唯一的目的，把律师看作一个纯粹的商人，把律师事务所当作一个单纯的企业。

二、法律职业的基本构成

基于传统法学观点，法律职业群体主要是由法官、检察官和律师组成。但是，随着社会的不断发展变化，传统法律职业群体论的内涵外延在新的形势下，也面临着新的挑战，亟待注入新的内容。尤其是在当下新时代全面推进依法治国的大背景下，对于法律职业群体中新的类型，也需要有所理解和认识。他们主要包括：

第一，法治专门队伍。包括有法官、检察官、立法机关工作人员、行政执法机关工作人员等。根据法的运行论基本框架，法治专门队伍主要是从立法权、执法权、司法权三个不同行使国家权力的组成部分中析分出来的职业类型，分别对应了三个不同国家权力的行使主体，即俗称的"体制内"。其中，行使立法权的是立法机关工作人员，行使执法权的是行政机关工作人员，行使司法权的是法官、检察官。① 对于多数法学专业学生而言，这也是将来大家希望通过参加国家和地方各级公务员考试，去获取的一个工作机会的主要目标。但需指出的是，从国家公务员考试角度来看，这几种法治专门队伍的岗位招考在条件设置上是有一定区别的。通常而言，立法机关中专门从事立法工作的岗位对于学历、专业要求较高，一般需要具有法学博士学位，同时本科、硕士和博士阶段很可能都要求为法学专业。② 行政机关中专门从事行政执法的工作岗位，随着依法治国、依法行政理念的逐步深入人心，也开始要求将通过国家统一法律职业资格考试作为必备条件之一，但在学历方面通常没有非常特殊的要求，一般本科及以上即可。当然，以法官、检察官为代表的传统司法机关工作岗位，一般是需要通过法律职业资格考试的；在有的地方，学历起点还有可能为硕士。③

---

① 在中国特色语境下，也包括像公安局这样的行政机关，以及其他一些行使准司法权、广义司法权的其他主体。

② 该要求是否真正具有合理性，同法学专业所需要的复合性知识体系要求是否契合，则是另外一个层面的问题。在这里，仅做客观介绍。

③ 需要指出的是，近年来，随着司法机关用人缺口的增加，有些岗位可能会以"司法警察"名义招录，但实质上将来是作为法官、检察官后备人才来培养的。因此，并不一定必须将硕士及以上学历以及通过法律职业资格考试作为必要刚性条件。

第二，法律服务队伍。主要包括有律师、公司法务人员、公证员、人民调解员、基层法律工作者等，即俗称的"体制外"。律师是在律师事务所中从事专业服务的最主要、最重要的传统法律职业群体之一，相信大家即便没有学习过法律，结合自身直接或间接经验，也会对此有所了解和认识。而容易为同学们所忽视的，一个是公司法务人员，一个是公证员。其中，前者是指在公司企业①中专门从事法律专业工作的人员，其和律师最主要的区别在于：其一，在主体性质上，公司法务是企业专职法律工作者，身份属于企业员工；而律师虽然依托律师事务所执业，但其身份带有较强的个人化、个体化色彩。② 其二，在工作内容上，公司法务所涉及的法律工作一般同公司所处行业，以及公司自身存有密切的关系。换言之，其法律关系、法律纠纷类型总体较单一；而律师法律工作所涉及的法律关系、法律纠纷相对就广泛很多，理论上可几乎涵盖法律关系的所有类型。③ 其三，在未来发展上，公司法务在其所服务的企业中的事业长远计，终究会面临一个角色扮演上的转型问题。毕竟，如果从专业角度来看，很多时候成为法务部负责人，便已经是其职业生涯的"天花板"了。那么，如果还想在该企业中更上一层楼，只能通过掌握其核心业务而成为一名真正的、合格的管理者。换言之，要完成从一个"专业人"向一个"管理人"的转变。而律师随着年龄、阅历和经验的增长，其职业生涯发展则主要依托律师事务所，实现从普通律师到高级律师、再到合伙人的进阶之路。概言之，这是两种完全不同的职业生涯发展路径的选择方式。而公证员，是公证行业在整体企业化改制后，可视为公司法务中的一种特殊类型。依据《公证法》，其是指在公证机构中从事公证业务的执业人员。随着社会主义法治国家建设进程的不断推进，公民法治意识的不断增强，公证行业及公证员本身在依法治国中的地位和作用也越来越凸显其重要性。

此外，人民调解员和基层法律工作者作为中国特色的两类特殊法律服务队伍

---

① 要注意，"公司"和"企业"是两个不同概念。前者是指具有法人资格的商事主体，后者范围更广，除公司外，还包括有非法人商事主体，如合伙企业。实践中，并非只有公司才有专职法务人员。因此，为严谨计，将公司企业并列。

② 一个重要的判断标准，便是公司法务社保依据法律，需由公司购买；而律师社保，一般是自己购买。

③ 在实际中，某一律师所从事的法律服务类型，也是相对固定的。换言之，几乎没有律师能够从事所有的法律业务。但即便如此，律师法律服务所涉及的业务范围，较之公司法务而言，还是广泛许多。

中的一分子，前者是依据《人民调解法》所依法设立的人民调解委员会这一群众性组织中，从事专门调解工作的人员。其主体范围涵盖村民委员会、居民委员会、企事业单位职工等，具有较强的广泛性。后者是依据司法部于 2000 年颁布的《基层法律服务工作者管理办法》以及相关司法解释，以非律师身份从事案件调查、代理诉讼等工作的特殊群体。① 它们既可以是专职的，也可以是兼职的，具有身份上的多元性、灵活性色彩。

第三，涉外法律人才和法律专家队伍。关于前者，严格而言不是一个职业群体概念，而是一个职业范畴概念。所谓涉外法律人才，是指能够熟练使用英语或其他外语作为法律专业的工作语言，从事涉外法律工作的专业人士。换言之，其更强调的是法律工作本身的涉外性，而非职业主体的涉外性。在此意义上，无论体制内，抑或体制外，具备上述特殊能力的法律人皆可归于此类。同时，鉴于涉外法律人才对于外语能力的更高要求，在我国法律职业群体中目前仍属稀缺性存在。大家将来有志于向这个方向努力的，不妨从现在起就将精通一门或几门外语，作为专业学习的一个重要目标去努力。

这里的法律专家队伍，和前面所讲的一般意义上的"专家"，其内涵、外延又有所不同。即该专家并不仅是指相对于一般普罗大众而言具有法学专业知识的专家，而是指在法律职业群体内部掌握了更丰富、更系统的法律知识，并以法学教育和研究为职业的群体，他们通常是指在高等院校、科研机构中从事法学教学和科研的大学老师、科研人员。正因为相较前面几类法律职业群体，法律专家队伍主要是以法学研究为主业。这就对从业者的法学理论功底提出了更高的要求。因此，一般需要其具备法学博士及其以上的学历条件。但是，并非所有获得法学博士或相当学位的人，都适合去从事法学教学及研究工作。笔者认为，对于一个长年需要投入大量的时间、精力，以高强度脑力劳动为主的工作状态群体而言，决定一个人是否适合从事相关工作的前提和基础，首先便是是否具有学术探索、理论研究的真正兴趣。盖因唯有相对纯粹的兴趣，方能在一定程度上保障学术研究、教学工作的"使命初心"，耐住寂寞、作出成绩。此外，高等教育工作需要通过大量的学生建构直接、具体的教学关系来实现。所以，是否在性格及能力等方面，具有从事教育工作的真心和耐心，也是在一定程度上决定其是否能够成为

① 在理论及实践中，该主体法律地位及其同律师之间的差异，存有一定的争议。

119

一名真正合格老师不可或缺的重要条件之一。所有这些因素，都是同学们将来在作出真正适合自己的职业选择时，需要去予以审慎考虑的。

三、法律职业的发展历程及其存在意义

法律职业是一门古老的职业。从历史起源来看，它主要诞生于古罗马时期，是西方基督教文明下的文化产物。在罗马帝国的不断扩张，城市化进程的加快，商品经济的发展等综合因素的推动下，法律职业遂得以勃兴于一时。其中，在朝的法学家阶层，在野的律师职业群体，随着罗马法的发展演进持续强化了其自身存在的主体性、重要性。进入中世纪后，西方世界虽然整体处于天主教神权统治的黑暗时期，但是，法律职业仍然发挥着其在社会生活中不可或缺的重要地位。这主要体现在：其一，在立法上，教会法体系本身就获得了极大的发展，成为支配人们日常生活的主要法律渊源表现形态。其二，在司法上，教会法庭这一司法机构也得到了长足的发展，并在中世纪宗教迫害中扮演了举足轻重的角色，发挥了关键性作用。其三，在分工上，即便以前两者为代表的法制资源、法律机构在这一历史时期成为了社会生活的主流，但其也从未取得"一统天下"的绝对垄断性地位。换言之，王室法、世俗法庭在另一方面始终能够在一定程度上和教会法、教会法庭形成某种"分庭抗礼"之势，由此奠定了西方政治、法律文化当中的分权主义之基本底色。①

凡此种种，即便在客观上也需要有大量的法律职业群体为整个司法体制来服务，即便这个体制具有较浓厚的宗教专制色彩。正所谓，在一切的结构之中总是含有一定的解构色彩，这一逻辑上、现实中的二律悖反定律，在中世纪的法律职业发展过程中，也是概莫能外。而正是这一数量庞大的法律职业群体，由此构成了后来随着商品贸易进一步发展而伴随的罗马法复兴运动，以及公元 16 世纪近代第一所综合性大学——意大利博洛尼亚大学诞生的主要推手之一。② 而在文艺复兴、宗教改革后，随着天主教会的传统权威进一步被解构，新兴资产阶级、市民阶层的法权

---

① 事实上，即便由教会法庭审判并判处为宗教异端的案件，也是需要交由世俗法庭来具体执行的。

② 该大学的前身，就是一所法律专科学校。

要求，则更加刺激了法律职业群体的持续发展壮大。甚至可以说，法律职业群体在推动西方资产阶级革命、建立宪政国家等方面，实际上是发挥了其中流砥柱的关键性作用。由此可见，法律职业往往具有以下几个方面的基本特征：

第一，法律职业是统治手段技术化、服务权力常态化的必然结果。从西方法律职业发展历程可知，无论处于何种社会发展阶段，至少在技术上，法律职业的存在都是不可或缺的。古罗马时期，"五大法学家阶层"本身就成为拱卫王权的重要力量。更毋谈，商品贸易的频繁性，纠纷发生的经常性催生了对于律师群体提供服务的大量需求。反之，如果这些社会矛盾纠纷无法得到及时有效的解决，势必会威胁、反噬到罗马帝国的统治秩序和社会安宁。因此，法律职业存在的基本价值，是同政权本身的政治需要须臾不可分离的，是统治手段技术化的一种制度化安排。

第二，法律职业是社会分工精细化、社会需求多样化的客观要求。中国人有所谓"三百六十行，行行出状元"以及"隔行如隔山"等诸说，用以表明不同行业、知识范畴之间所存在的客观壁垒性。而这种壁垒性，正是随着生产力的不断发展进步，从而导致社会分工不断走向精细化、专业化的必然结果。法律职业，是这种社会分工中所析分出来的类型之一。面对日常生活中的具体纠纷，如何进行法律分析、判断，提供解决方案，并在诉讼中充分发挥论辩技巧，更好维护当事人的合法权益，非不经过长期的专业训练、法律实践，是断乎难以掌握其中要旨的。而此一点，正恰好体现出法律职业存在的价值和意义之所在。

需要强调的是，依据马克思主义历史唯物主义、辩证唯物主义基本原理，法律职业作为一种制度设计，其存在也是具有其社会经济基础的。该经济基础，以西方法律职业发展历程观之，即是指商品经济、贸易交换的兴盛发达。为何法律职业，尤其是律师职业首先起源于古罗马，这同其所处的地理环境及其以海商贸易为主的生产方式、生活方式，具有密不可分的联系。换言之，罗马法本身即成为孕育法律职业的法制母体。此一点，对于我们在中西法律文化比较视野下，深刻理解为何中国古代没有出现和西方类似的法律职业群体，[①] 包括中华人民共和

---

① 一个基本原因，中国自古以农立国、重农抑商，商品生产、交换和贸易，在社会生活中不占有主导地位，因之导致主要脱胎于其基础上的法律职业，从来便不具有相对独立和重要的地位。

国在改革开放以后又重新需要法律职业的深层次原因，是具有一定参考和借鉴价值的。

四、法律职业素养概述

那么，在新时代全面依法治国的大背景下，作为一名合格的法律职业从业者，需要具备一些什么样的基本能力和素养，则是摆在每一位同学面前的一个较为现实性的问题。同时，这也是大家在至少大学四年的学习过程中，需要努力予以完善的。从大类来看，可将其划分为形而上和形而下两个层面。其中，"形而上"是指法律职业从业者应当具备的基本思维模式、思考方式，这是该群体看待问题、分析问题的一种特有智识框架。"形而下"是指法律职业在从业过程中，面对纷繁复杂的法律现象、法律问题应当借助的理性分析工具、手段和凭借，这是该群体在面对问题、解决问题时的一种路径依赖。而该路径依赖，从方法论上又可进一步分为一般素养和专业素养两个方面。所谓一般素养，是指几乎每个行业、每一专业的从业者都应当具备的基本素养。它是一个人在其漫长一生中，通过持续不断的终身学习来获取的应对其生活和工作中的种种问题，所必备的知识体系和能力积累之总和。

(一)思维模式、思考方式

第一，崇法性。所谓崇法性，是指法律职业需要把法律依据作为其自身思考问题的逻辑和现实的起点。换言之，对于社会生活中的任一行为，无论该行为做出主体若何，法律人在对其进行价值判断时，首先需要考虑的是该行为是否在法律的框架范畴之内所做出，即合法性是否存疑的问题。在该大前提基础上，进一步可以推导出两点：其一，对于公民而言，法无明文禁止即可为。① 那么，对于一个法治国家来讲，这种"可为"的范围，即构成了公民自由②的独立空间。反之，国家便不能任意滋扰、随意侵袭到该空间。其二，对于国家而言，法无明文

———
① 这里的"法"，可作广义理解，其范围包括但不限于宪法、法律、行政法规、单行法律、地方性法规、规章、习惯等法律渊源表现形态。
② 这里的"自由"，根据以赛亚·柏林的分类，一般是指"积极的自由"。

授权不可为。换言之，任何国家行为、政府行为之公共权力的行使，必须有法律明确的授权范围，该授权范围对权力主体的组织、组成，权力源头的向度、限度，滥用权力的责任承担等一系列问题，皆需有一套全面的顶层设计，尽量防止部分实质性的政治权力、公共权力溢出"法治笼外"，从而任性游走于法律结构的缝隙。

第二，保守性。从某种程度上，法律人思维方式的保守性，正是从前述的崇法性中所派生出来的。盖因为，当一个人在面对问题、思考问题和解决问题时，总是习惯性地去寻求一个逻辑上、现实中的存在依据时，从积极方面而言，可以说他的思维方式、解决方略总是带有较强的理性化色彩；但从消极方面而言，过于理性化、模式化的路径依赖反面，便容易流入循规蹈矩，甚至"故步自封"的窠臼，而缺少了些许自由奔放、挥洒创意的元素。需要指出的是，法律人的这种理性化、保守化倾向，对于这个行业来讲不失为一种必需。其原因在于，作为一个主要依据形式逻辑、辩证取舍等法律方法来判断是非曲直、进行定分止争的特定理性运用之过程，无论从过程中的高度技术化要求，还是从结果上的较强政治化需求，稳定和务实皆是其题中应有之义。在此意义上，即便作为一种广义的、维系整个共同体秩序和谐之政治过程和政治目标追求，保守主义态度都是不可或缺的。

第三，技术性。承上所论，法律职业在思维方法上的技术性，本身就是和各种法律方法的综合适用是密不可分的。就法律方法谱系观之，从开端层面的法律识别，到过程层面的法律解释，到逻辑层面的法律推理，到价值层面的法律论证，再到结果层面的结论生成，在其具体运用的几乎每一过程、每一环节中，都伴随有大量而频繁的法律技术之运用，体现了明显的技术化色彩。更遑论，在从立法，到执法，到司法，再到法律监督等各个国家权力运行过程中，对于相关对应主体在法律职业技术能力等方面的不同要求。正是这些技术要求，使得法律职业群体如不经过一个长期的法学教育、实务训练，则不能成为一名合格，乃至优秀法律人的关键所在。也因为此，业界才有所谓"法律工匠"之说。而对于这种"匠人精神"的持续锻造、孜孜以求，本身即为法律行业、法律群体浓厚技术性的又一佐证。

第四，独立性。法律职业的独立性，首先在一定程度上，便可从根本法、基本法的文本中得到一定反映。我国宪法、"三大诉讼法"皆一致规定，人民法院依照法律规定独立行使审判权，不受行政机关、社会团体和个人的干涉。此外，自2017年起在全国法院系统推行的员额制改革，通过设定入额标准，采取逢进必考制，以不断提升法官个人在案件审判中的权限、责任，从而为司法工作的相对独立性进一步提供制度化的保障。① 另外，除开体制化、制度化的独立性，法律人在其日常工作中，其工作状态也带有较强的独立化色彩。以律师为例，从当事人接待，到案情分析，到准备应诉，到庭审过程，再到最后结案，大多皆是一种较独立的工作状态。对于其中具体问题的分析、判断和处理，也是需要自己独立去完成的。可以说在某种程度上，"孤独"是法律人工作的一种常态。因此，对于每一位在座的刚从中学过渡到大学阶段的同学而言，既然你们已经选择了这个相对孤独的行业，那么从现在开始起，就要开始着力培养锻炼自我管理、自我约束的基本能力素质。这种素质，不仅对于大家较快适应大学生活有所帮助，同时对于将来成为一名合格的法律人，也是一个必备的条件。

（二）一般技能

法律人应当具备的一般技能，大略而言主要有三种，其一，语言运用能力。其二，社会交往能力。其三，综合管理能力，下面逐一分述之。

第一，语言运用能力。相较于其他专业、行业，法律职业对于语言的依赖程度，可能会更高。这主要体现在：其一，在内容上，所有法律规则都是用特定语言文字来表达的。反之，立法者本身语言驾驭能力的高低，对于立法文本的技术水平，也会带来直接的影响。② 其二，在过程上，所有法律适用也是必须借助语言来实现的。此一点，无论对于体制内的司法权力行使者，还是体制外的法律服务提供者，两相皆然。其三，在载体上，法律适用过程及结果的主要形式即法律文书，也是集"法言法语"运用之大成者。换言之，衡量某一法律文书撰写者水平之高低，即在于其是否能够熟稔使用这些法言法语来清晰、准确而明了地表达其核心观点，作出法律判断。所以，对于法学专业学生而言，在学习过程中不断提升自己的语言表达能力，尤其是法言法语的听说读写综合能力，便显得尤为

---

① 需要指出的是，中国特色的司法相对独立性，同西方的司法独立不是一个概念。在议行合一的宪制架构中，所有国家机关由人大产生，对其负责，受其监督。司法机关，也是概莫能外。

② 参见前讲"法的运行"。

重要。

第二，社会交往能力。何谓社会交往能力，通俗来讲是指和人打交道的能力。为何该能力对于法律职业如此重要，盖因法律工作的每个环节、每一内容，都不可避免地涉及和形形色色的人交流沟通之过程。以律师为例，从其工作起点的当事人接待环节，就开始涉及如何同其建立初步信任关系，并在此基础上签订委托代理合同的问题。而当委托代理关系建立后，又该如何一方面发挥自身的专业独立性，为当事人进行代理或辩护；另一方面又能继续巩固这种信任关系，并将自己的专业意见及其代理结果让当事人理性接纳，凡此种种，皆会涉及沟通说服的技巧和艺术。同时，律师工作涉及沟通对象，又不仅局限于当事人之一端。在一个具体诉讼程序中，证人、鉴定人、对象当事人及其代理律师，包括法官等，视其需要都是可能的沟通对象之一。同样，对于法官而言，作为审判工作的核心组织者、居中裁判者，沟通能力和技巧也是在一定程度上决定案件审理效率和实效的重要因素之一。而该人际沟通普遍性规律，同样适用于其他的法律职业群体之角色扮演。因此，作为法学专业学生而言，在学习好专业知识的同时，还应重视、努力加强人际交往沟通能力方面的培养和训练。这种培养和训练，对于提升从事法律工作所需要的全面素质，是非常有其必要的。

第三，综合管理能力。这里所讲的综合管理能力，是一个广义的概念。笔者认为，现象界里所有一切资源表现形式，皆是其管理的对象和客体。例如，对于个人而言，每天最为首要和基本的管理工作，就是时间。每个人每天所面临的时间资源，几乎是一样的。那么，在这有限的时间资源范围内，该如何去充分利用好它，合理安排好学习、工作和休息之间的关系，并在此基础上形成良好的、持之以恒的作息习惯，是决定一个人在事业上最终能够走多远的必要条件。再者，对于各位同学而言，在完成大一阶段的公共必修课学习后，还将面临后续的专业课程选课问题。那么，该如何决定在不同的学期，选择修习哪些必修、选修课程的相关结构搭配，也涉及对于学业本身的一个规划和管理问题。此外，在工作后，同样面临每日、每月、每年任务进度如何安排，时间精力如何分配，社会关系如何维护，利益价值如何取舍等一系列问题，这些在本质上都涉及前述广义的管理学问题。要之，所谓管理，便是在给定条件的基础上，将所属各种资源通过有序排列组合，从而使其发挥效用最大化的理性运用之过程。这种技能是需要我们用一生去学习、践行并使之不断完善的。

(三)专业技能

法律职业所应具备的专业技能，在一定程度上是同法律方法紧密相关的。换言之，前面所讲的基本法律方法，本身即是法律人在从事法律专业工作时，应予熟稔掌握并灵活应用的。即便从方法论的角度，其也是衡量一个法律人是否合格乃至优秀的重要标尺。例如，从一个具体的社会纠纷中迅速抽象、提炼出其所属的法律关系，并找到其调整的法律依据的法律识别能力。再如，综合运用各种解释方法对于法律概念、规则、原则和制度尽量充分释明的法律解释能力。还如，遵循严格形式逻辑要求，结合法律规定和案件事实进行的法律推理能力。又如，根据现实国情、具体案情，在彼此相互冲突的价值之间进行有效取舍的法律论证能力等。

此外，法律职业的专业技能还体现在不同的法律实务工作类型范畴中。如以基本的非诉和诉讼分类为例，在非诉业务中，最基本的专业技能一般为起草、审核各类经济合同。仅该项工作就对从业者的文字驾驭能力、谋篇布局能力、理论联系实际能力、细节关注能力等方面，提出了较高的要求。当然，对于一些专业性更强的非诉工作，如银行、保险、证券、期货等金融领域，其专业技能的范围就不仅局限于法律知识本身了。换言之，在该领域中从事专业工作的法律人，除了必备的法律知识外，相关行业知识、基础实操能力的掌握也是非常重要的。[①]而在诉讼业务中，对于专业技能的要求就更加具体而直接，并贯穿于整个诉讼程序的全过程之中。如诉前的调查取证能力、庭审的口头辩论能力、诉讼技巧的运用能力、法律文书的写作能力，等等。所有这些专业能力，都需要同学们在未来几年通过课程知识学习、课外实习见习，去努力掌握、不断完善的。

[①]　在房地产开发、建筑工程、医疗纠纷等领域，同样可见类似规律，即如不具备相当专业的行业知识背景，则很难成为该领域中合格的法律人。

第十四讲　法的起源和发展

提要：本讲"法的起源和发展"专题，包括下一讲"法律文化"专题，相对于法的本体论而言，是一个相对独立的版块。在知识谱系上，属于广义的法的历史论。如果说法的本体论，主要回答的是法是什么的问题。那么法的历史论，则主要回答的是法从何而来、往何处去的问题。① 换言之，它是讲的关于法律制定的一般过程及其规律。但在法理学知识体系内讲法的历史论，同中国法律史相比，虽其内容有一定重合，但还是存有相当的区别。这种区别主要反映在，法律史，无论是中国法律史，还是西方法律史，其主要研究对象是法律制度本身演变的过程，更加侧重于法律现象自身的客观描述。法理学层面讲法律历史论，则更加偏重于这些现象背后的本质规律。而这种规律，是基本适用于人类社会从古至今各个文明、各个族群法律制度演变过程的。

关键词：法的起源；法的发展；规律

一、从原始社会的无"法"阶段到阶级社会的法律调整

(一)关于"社会"划分的标准探讨

法的调整对象，是社会化意义上人的行为。因此，当我们回头去研究不同历史时期法律起源、发展和演进的过程及其规律之时，首先就必须回到其所赖以产生的社会基础上来。即在社会的不同发展阶段，法所呈现出来的样态是同该阶段

---

① 在此意义上，法的本体论、历史论共同构成了从哲学层面思考"法是什么，从哪里来，到哪里去"三大问题的完美逻辑之闭环。

中社会本身的基本特征具有相适性、契合性的。所以，研究法律永远绕不开研究社会这一前提。

那么，究竟何为划分不同社会发展阶段的基本标准，就成为理解这一问题的核心和关键。对此，虽然马克思主义的历史唯物主义基本原理，已为我们提供了现成的答案，即根据生产力发展水平、物质资料占有方式及其在此基础上，所形成的阶级力量对比关系，可将人类社会发展大体分为原始社会、奴隶社会、封建社会、资本主义社会、社会主义社会和共产主义社会。该划分方法是大家在中学阶段便已耳熟能详、了然于胸的。

这里，笔者想提出一个个人化的关于社会划分的具象标准，以供争鸣。该标准的建立基于一个前提。这个前提，还是马克思主义基本原理所供给的。马克思曾说，人的本质，是社会关系的综合。既然每个人都是活在以自己为核心的社会关系网络之中，那么，该社会形态或发展阶段如何，就和个体在不同社会关系中的体验和感受是息息相关的。而这种感受，大体又可分为两种，一为平等，二为不平等。换言之，衡量判断社会形态从低级向高级的转变过程，在一个从定量到定性的可测评角度出发，可以视作社会中的大多数人在其个人生活中，其主观感受究竟更多是一种不平等，还是平等。而一个社会越发达、文明越进步，那么社会中大多数人所体会到的平等感受，是会越来越多的。马克思的历史分期论，其实也从另一侧面佐证了这一点。

(二)历史起点：原始社会

如果从平等，抑或不平等的标准出发，原始社会是具有一定的特殊性的。这种特殊性首先表现在，相对于后来社会发展阶段中，所普遍存在的不平等而言，原始社会中人和人之间的关系却大致处于一种相对平等的状态。这同原始社会整体较低的生产力发展水平，不啻形成了一种历史的吊诡。这种平等主要体现在公共领域、政治范畴，即对于以血缘关系为基础所形成的共同体治理①过程中，公共事务的决定通常采取共同开会、共同讨论、共同决策的方式来进行。② 所有社

---

① 在这里，暂且用当下较流行的"治理"来指代原始社会的政治秩序之构建和维护。

② 类似于今天在中国基层社会治理中，以业主大会、业主委员会为代表的自治机构和自治方法。

会成员，无论氏族成员，抑或氏族首领，皆没有凌驾于他人乃至全社会之上的特权地位。在这种情况下，所有人都应当共同参加劳动。换言之，此时还未出现专门行使公共权力、公共管理的个人或机构，即国家的出现。而对于公共权力最重要的功能发挥——分配公共利益而言，原始社会的公共产品分配同样遵循平等的原则。没有任何人或集团基于其所拥有的优势地位而天然地获得在分配中的垄断地位。同时，原始社会的氏族首领，其政治权威来源于其自身的勤劳、勇敢和智慧等个人素质。后世的那种将暴力作为政权合法性来源的惯常做法，至少在原始社会阶段还并未真正出现。

当然，鉴于原始社会较低的生产力发展水平，人的认知能力也是极有限的。科技水平的低下导致人们对于种种自然现象往往难以产生理性客观的认识。在这种情况下，就自然孕育了迷信的温床。因此，在人类社会发展早期，宗教崇拜，尤其是以自然神①为主要载体的各类原始宗教崇拜，是一种普遍存在的人类学现象。毕竟，当人作为认识主体而不能能动地、理性地认识客观世界时，基于对未知事物的恐惧而生发的种种禁忌思想观念，便成为一种常态。在此基础上，调整社会的规则体系，多以生活中的习惯以及观念中的禁忌为主，从而带有较强的泛道德化色彩。此外，在司法文化心理上，原始社会还普遍存有以"以眼还眼，以牙还牙"为代表的同态复仇观念。这些观念有的直到现在，还对人们的法律文化结构至深之处，产生着或明或暗的微妙影响。

(三)问题关键：阶级社会的生成及其影响

上文提到，既然原始社会看起来如此之"美好"，那却为何没能成为黑格尔笔下所谓的"历史的终结"呢？② 这的确是一个值得我们好好思考的问题。很难断言人类社会的客观演变，是当时人们有意识去选择的结果。③ 换言之，其背后的深层次决定力量，或曰之那个"不出场"的规律，往往是看不见、摸不着的。在马克思、恩格斯看来，这个决定力量就是经济因素。或者说，是生产力的发展进步推动了社会从原始平等走向阶级的不平等。历史的吊诡便在于，这种看似"不

---

① 如从风、雨、雷、电等自然现象，所衍生出的拟人化造神方式。

② 而恰恰相反，它只是起点，而非终点。

③ 如若认为人有这种能力，那便是过于夸大了他的主观能动性，而陷入哈耶克笔下的那种"致命的自负"了。

美好""不平等"的阶级社会的出现，似乎反而能够刺激人的欲望，或曰之进取心，在人人皆在"主观为自己，客观为他人"的利己动因刺激下为所当为之时，社会的整体进步，便在无形中发生了。

至于这个过程的具体生成机理，就需要同学们在学习过程中，发挥一下自己的想象力了。下面，我们就来做一番逻辑上的形式推理。在原始社会后期，虽然生产力水平在整体上是发展的，但也并非代表每一生产单位——家庭的生产力水平，是同等、同步发展的。换言之，不同家庭的生产力水平，出现了不均衡的差异化状态。而这种"剪刀差"的直接结果，就是导致有的家庭生产力水平高，社会产品相对较多。反之，有的家庭则由于生产力水平低、社会产品相对较少。但我们知道，原始社会的资源分配机制，又是采平均主义的。这就好比现在，对于一家公司的创收利润，有的人贡献高，有的人贡献低。但是，年底分红却在所有员工之间平均分配。显然，这种利益分配机制是违背基本人性的。所以，即便对于原始社会的人，他既已跨越智人阶段，当然也会对这个问题有了自主思考。而思考的结果，则往往希望自己把自己创造出来的产品据为己有，是较符合人之常情的。这种新的思考向度，随着社会生产力的普遍进步，家庭创造财富能力的普遍加强，于是开始形成一种普遍性社会思潮。当一个社会多数人开始打破原始"大锅饭"思维方式，而越来越具有将社会财富"为我所有"时，便奠定了私有制最初的观念基础——"先占"的产生。

同时，当人们思考的方向发生变化，即尽可能地创造、占有更多的社会财富。他们早晚就会意识到，蕴含在人本身中的生产潜力。而道理很简单，任何劳动产品究其本源，本质都是由人所创造的。这即便在今天，也依然如此。所以，当原始社会人们逐渐开始认识到，人作为一种生产资料的极端重要性之时，在部族、部落战争中针对战俘的传统做法——将其简单杀掉便不再是一个最优选项了。换言之，俘虏身上的劳动力价值，作为一种创造财富的资源，遂日益得以凸现。而当俘虏们被专门用来作为一种生产的手段和工具时，人类历史上第一次阶级对立便由此而生了——奴隶阶级同奴隶主阶级。从此，原始社会那种"人人平等"的美好乌托邦，便就成为明日黄花。人和人之间的关系，开始迈向了等级主义的渊薮。自此以降，人剥削人作为一种自经济领域起形成的路径依赖，成为推动生产力不断向前发展的恒久惯性。迄今，则已有数千年之久。

(四)国家和法律的诞生

当人和人之间关系发生异化、对立后，和平共存便已很难存续了。对于奴隶主阶级而言，他们总是期望最大限度地榨取奴隶身上的劳动价值，来为自己谋取更多的劳动产品，满足自己的种种需求。对于奴隶而言，对于任何一个有着正常思考能力的人来说，他都不可能真正满足于这种长年被压迫、被剥削、被奴役的境地，而总是努力想摆脱这种非人的状态。正所谓，哪里有压迫，哪里就有反抗。自在阶级，有待于过渡到自为阶级。阶级矛盾的尖锐对立，则成为社会生活中的常态。在此情况下，占统治地位的奴隶主阶级，首先想到的是如何把这种阶级剥削关系，能够尽量巩固延续下去。这种延续，就是政治秩序的建立。而最常见、最简单、最直接的维护某一政治统治秩序的手段凭借，众所周知就是暴力。当奴隶主阶级通过建立军队、警察这种专门暴力机构，来巩固自身的特权地位时，人类历史上首个真正的公共权力——国家，便由此而诞生了。此亦即马克思所谓的国家是阶级矛盾不可调和的表现和产物。

国家建立后，如何实行阶级统治、社会管理便成为了一项新的历史任务。毕竟，中国有句古话，叫作"马上得天下，不能马上治天下"。暴力虽然是建构国家过程中的核心要素，但在维系一个统治秩序过程中，不可能每时每刻都把暴力作为唯一的路径依赖。政治统治不是一个简单的、建立在机械论基础上的蛮力游戏，而更多的是一门精巧化、精细化的艺术。其中，需要有一套具有较强解释力的政权合法性来源的言说理论，能够有效管理全社会的官僚机构，行之有效的社会成员内部纠纷、争端解决机制，持续有效的社会财富创造机制，以及建立于该机制基础上的税收征管体制等。要之，国家机制的建构和政治秩序的巩固是一个系统性工程。在这个大的结构中，就人类政治发展的历程来看，制定规则、颁布法律是从古至今皆不能逃脱的固有机制和方法。而暴力本身，正如前面法的特征专题所言，它不是每时每刻都会必须出场的。换言之，在大多数情况下，它只是作为一种潜在性、威慑性、次生性的力量而存在的。

当然，即便在原始社会时期，也并非全然毫无任何规则体系。人既然结成群，就必要有调整群之关系的定分止争的规则之存在。只不过如前所述，原始社会人们更多地是以习俗、习惯、宗教、道德等规则资源，来调整社会生活。而这些规则资源，或者来源于人们对于自然的物质而产生的种种宗教禁忌观念，或者

131

来源于人们在社会平等交往中所形成的某种约定俗成的做法。这些观念、做法所产生的社会基础是建立在原始社会的朴素平等上的。而当一种新的社会秩序降临后，原有的调整方式随着时间的推移、社会的变迁，已不能满足新情况下的新需要，则只能让位于法律本身。于是，系统性立法便成为了在阶级社会中，统治者厉行阶级统治所依赖的主要资源。这种新的资源同原有习俗、习惯，已经不是同一个东西。尽管，旧的习惯、习俗可能会被新的规则体系所部分吸收，以"新瓶装旧酒"的方式，继续发挥其古老而悠远的作用。

(五)法律起源发展的规律总结

第一，在根本动力上，法的起源是同生产力的发展进步、私有制和国家的产生彼此之间密不可分的。虽然在此之前，人类社会已有调整行为的规则体系，但只有当国家这一阶级矛盾不可调和的产物出现后，这种规则体系才逐渐演变成为真正意义上的法。

第二，在调整方法上，法的起源经历了一个从个别调整到规范调整的变化过程。原始社会的习俗、习惯、宗教、道德等资源，更多的是一种小范围的、局部的、自发的调整方式。而法是在国家诞生以后，由国家权力所直接推动的系统性的、规范性的调整方式。两者在发展阶段上存有一个从局部到整体，从简单到复杂的流变过程。

第三，在基本内容上，法的起源经历了一个从同宗教、道德相互混同到彼此独立的变化过程。早期法律在新旧过渡时期，带有较多的古老社会的历史遗传。这种遗传，多以宗教观念、道德戒律为其主要表现。随着生产力发展水平的提高，科学技术的进步，人们认知的提升，法律中的理性色彩遂逐渐取代蒙昧、迷信，立法也越来越趋向科学化、技术化，同社会发展阶段和人们客观需要相契合、相适应。

第四，在彼岸归宿上，法是否会最终走向消亡，这也是一个值得人们去思考的问题。这个问题，很大程度是源于国家是否会走向消亡这一前提基础上的。依据马克思主义基本原理对于"历史终结"的设想，当人类到达共产主义社会后，不再有阶级对立，不再有国家存在。在这种情况下，也自然不再有我们今天所谓的"法"了。那么此时，调整人们行为的规则又是什么？它又是以一种什么样的形态、方式存在的？这既是一个法律问题，也是一个政治问题。而对于这个问题的展望，一定程度上则是关乎人类的存在方式及其终极命运的。

二、法律发展

（一）历史类型

如前所述，鉴于法律同社会之间的紧密关系，因此，当我们讨论法律发展问题时，就不可避免地涉及社会发展问题。换言之，前者作为后者的由之所生，有怎样的后者，就有怎样的前者。或曰之，社会发展是构成法律发展的必要条件之一。既然根据马克思历史唯物主义基本观点，人类社会从古至今大致可以分为原始社会、奴隶社会、资本主义社会、社会主义社会和共产主义社会。相应地，法律发展的类型依据不同的社会发展历史分期，也可划分为原始社会法、奴隶社会法、资本主义社会法、社会主义社会法和共产主义社会法。① 问题的关键，不在于将这些概念死记硬背，而在于深刻理解，是依据什么标准来对不同历史时期的社会发展状态作出的如此之界定。本书认为，一个较直观可行的标准即为本讲开篇所提及的：一个社会中最基本的人和人之间的关系状态，究竟是平等，还是不平等的问题。

以此为基，当阶级分化、国家产生后，人和人之间的关系逐渐从原始社会的朴素平等状态，开始走向了不平等的状态。这种不平等状态，在奴隶社会首先就表现为人类历史上第一个阶级对立关系：奴隶阶级和奴隶主阶级的对立。与之相对应，这种阶级力量对比关系自然就会反映到法律文本的内容中。换言之，统治阶级总是会通过法律将自身阶级意志上升为国家意志，并意欲实现阶级统治地位及其随附利益的永久存续。以《汉谟拉比法典》为例，作为人类历史上第一部成文法典，即已较直观和明显地反映出了这一特点。该法典所处的古巴比伦社会，已经处在奴隶社会时期。在该社会中，存有以上等人、平民、奴隶等为代表的不同社会等级。不同社会等级在社会生活中，其法律地位是不一样的。这种差序化

---

① 前面提到，原始社会尚无阶级，也无国家，共产主义社会阶级、国家皆已消亡，此时的规则体系是否可以被称为今日所谓的"法"，可待进一步讨论。这里，姑且对"法"暂作广义理解。

的社会结构就直接体现在法律文本的权利、义务配置中。例如，在上等人之间，奉行的是"以眼还眼，以牙还牙"式的同态复仇法律原则。因此，如果一个上等人弄瞎了另一个上等人的眼，那么他就要弄瞎自己的眼。但对于上等人同平民之间的法律纠纷，情况就不同了。如果前者对后者造成身体的伤害，仅赔钱即可，自己则不用付出同等身体上的代价。进而，如果上等人造成奴隶的身体伤害，赔偿金额还可额外减少一半。值得一提的是，在古巴比伦社会，除了以上三种主体在政治地位方面的不平等外，还有一种基于性别基础上的男女不平等。这种不平等反映在法律上，即上等人殴打另一个上等女人造成其流产，只需赔钱，且赔偿金额只有同等身份地位男性的1/6。① 事实上，在人类文明早期，无论哪种文明形态在其发端及发展过程中，皆会存在这种法律化、制度化的社会普遍不平等的状态。② 甚至有的直到今天，还依然如故。

(二)客观规律

正如人类不断追求政治文明进步的一个主要动因，便是尽可能地实现共同体中人人平等，尤其是公共资源分配上的平等之理想状态。与此同理，在法律发展中，同样面临一个从不平等逐渐走向平等的过程，这便是亨利·梅因所谓之"从身份，到契约"的运动。身份政治、特权地位往往带来社会资源分配的不平等、不均衡，市场交易、意志自治则会引致相对平等的社会关系之存在状态。此一点，是我们理解法律发展的核心要旨。③ 此外，在法律发展过程中还有一些形式要件，需要引起大家注意。其一，从效力源头上，法律发展存在一个从神法到人法的转变。人类文明早期皆有原始宗教崇拜现象，从而使得法律本身带有浓厚的神权法底色。法律本身的效力基础，除了国家权力外，往往还需宗教权力为其合

---

① 当然，如果该女子被殴打致死，还是要遵循同态复仇法律原则的。只是偿命的不是殴打者本人，而是其女儿。

② 中国古代社会所奉行的三纲五常、士农工商观念制度，是这种不平等的另一变种。其形殊异，其神类同。

③ 当然，这一过程是漫长而曲折的。即便在西方文明中，也经历了数千年之久。乃至近现代，仍然还有种族不平等、男女不平等的遗留。对于自古以来便以儒家文化等级秩序作为统治基础的中华文明而言，亦是如此。

法性进行加持。① 而随着人类科技进步、认知能力的提升，尤其是在西方文艺复兴、宗教改革后，宗教开始日益退出政治生活领域，回归个体精神生活空间，法律中人的主体性遂得以逐渐凸显。其二，从表现形式上，法律发展存在一个从习惯到习惯法，再到成文法的转变。这一转变，早在从原始社会向奴隶社会转化时，便已完成。当阶级、国家出现后，原有调整原始平等主体社会关系的习惯、习俗已不能适应新形势下维护政治统治秩序的需要，习惯法、成文法便应运而生。其三，从适用范围上，法律发展存在一个从族群到世界扩散的转变。以罗马法为例，早在罗马帝国扩张时期，以调整市场经济、商品贸易为主的罗马法体系（民法体系）便已在西方古代社会，随着罗马征服的脚步向亚非诸国扩散。今天，世界上绝大多数奉行市场经济的国家和地区，所颁布的调整市场经济关系法律，究其源头，实质皆可导源于罗马法。此亦即后世所谓：那个不可一世的罗马帝国虽然灭亡了，但罗马法律却以另一种方式征服了全世界。

（三）主要方式

法律发展的主要方式，是指法律从低级状态到高级状态的演变是通过何种路径、方法来完成和实现的。从世界各国法律发达史的一般规律来看，主要分为三种，法律继承、法律移植和法律创新，下面逐一分述之。

法律继承，其核心要旨在于"继承"，这是脱胎于民事继承领域中的一个衍生性概念。所不同之处为，民事继承主要是指财产权益在代际的流转，而法律继承则是指法律制度在时间维度中的流转存续。换言之，某特定历史条件下所制定的法律，在新的法律颁布后仍得到部分或全部的保留。这是在一国法律制度更迭过程中，几乎无法避免的现象。其理由在于，既然社会发展、历史变迁是一个连续性的过程，那么建立于该基础上的法律制度之发展变迁，自然也会呈现出连续性的面相。这种连续性就直接体现在旧有法律同新颁法律之间，在内容上具有的某种相似性，甚至趋同性。例如，上文所谈到的罗马法精神和制度为后世所吸纳借鉴，便是一域外典型。就域内来看，2020 年颁布、2021 年实施的《民法典》中

---

① 又因为宗教权力、教义解释总是依赖于祭祀阶层、神职人员乃至皇帝自己来行使，因此这些群体就借助宗教获取了政治上的特权地位，进而固化了社会中的不平等关系。此即马克思所谓，宗教是统治阶级麻醉广大人民的精神鸦片之其来有自。

的许多制度，也皆同原《民法通则》《婚姻家庭继承法》《侵权责任法》《合同法》等具有密切的关系。而在一个更广大的历史维度来看，甚至中华人民共和国的社会主义法律制度中，仍包含有部分近代中国的法律制度，从而也形成了某种法律继承关系。① 进入新时代以来，党和国家多次提出要坚定文化自信，推动中华优秀传统文化创造性转化、创新性发展等重要论断，在另一侧面也反映了法律继承的固有规律和基本要求。②

法律移植，其概念则导源于医学领域的器官移植。所不同之处为，器官移植的客体是人体组织，法律移植的客体是法律制度。即立法者将一国（地区）法律制度经学习、借鉴和吸收后，将其用于另一国家或地区的动态过程。作为一种法律发展横向维度③的常见方式，法律移植往往是后发国家（地区）进行法律更新的主要方式之一。再一点，在当今世界国际交流合作日趋频繁的大背景下，则更是如此。当然，同器官移植领域所存在的"排异反应"类似，法律移植同样会面临制度仿行过程中的"水土不服"问题。即由于作为"供体"的被植入法律制度同作为"受体"的国家（地区）发生冲突，从而导致被移植法律制度未能发挥出立法者所期望的法律功能，从而使得移植归于失败。实践中，这种失败原因多是由一国政治、经济、社会、文化等多种条件综合作用所致。例如，在近代中国宪政建设中，无论晚清，抑或民国，都曾经在一定程度上通过学习日本以及欧美国家，试图走出一条自己的宪法发展之路。但事实上，不管是晚清时期的预备立宪，还是北洋时期的武夫当国，或者南京时期的训政体制，均实质上背离了宪政改革的初衷，回归了中国传统法律文化的旧路。究其实质，还是导源于西方政治法律文化传统下的制度产品，同当时中国现实国情发生严重冲突的结果。

法律创新，是同法律继承、法律移植既有联系，又有区别的法律发展方式。依据付子堂教授的观点，是指对法律观念、法律概念和法律技术、法律原则、法律规范和具体法律制度的独创性革新，它是人类法律智慧活动的最高形式，也是难度最大的法律发展运动。④ 一言以蔽之，作为人类创造性活动之一种，法律创

---

① 参见张文显主编：《法理学》（第五版），高等教育出版社2018年版，第200页。

② 法律制度本身即为文化观念的一种产物，即法律在本质上是一种文化现象。此一点，将在下一讲中予以展开论述。

③ 同纵向维度的法律继承相对应。

④ 付子堂主编：《法理学初阶》（第五版），法律出版社2015年版，第114页。

新是在法律层面的"从无到有"之创生活动。其同法律继承、法律移植的联系在于，法律创新的资源在很大程度上，本身就依赖于它们的具体内容。它们之间的区别在于，法律创新的内容虽然来源于法律继承、法律移植，却又不是后两者简单的"复制粘贴"。即法律创新是根据社会客观现实需要，在既有法律资源基础上的一种创造性发展、创新性转化。这种创造、创新之有无和高低，正是人之所以区别于动物的理性能力之重要体现，以及不同立法者立法技术水平高低之重要反映。实践中，英国衡平法中的信托财产制度是域外创新的典型范例。① 在域内，近年来党和国家在党内法规体系建设、国家监察制度建设等领域所取得的重大法治成就，正是法律创新中国化中的主要成绩之表现。

三、法律现代化

（一）理论概说

法律现代化同法律发展之间的关系，一般而言可将前者看作后者所追求的结果。即法律发展的目标，便是使其通过不断进步从而到达"现代化"的彼岸。因此，如果说法律发展是一带有较强过程意义色彩的状态描述，那么法律现代化则是这个过程的终极结局。但是，在这一看似正确的命题背后，却仍然隐藏了几个模糊不清的前提。而正是这些前提的存在，则决定了法律现代化的方向和路径问题。

第一，什么是法律现代化。法律现代化是整个人类社会现代化过程中的一个环节。因此，法律现代化是从属于现代化本身的。所以，人们追求怎样的现代化目标，这种目标就框定和指引了法律现代化的方向。问题的关键在于，人类社会究竟有没有一个普世化的现代化理论，能够适用于世界上所有国家及其文明形态。换言之，黑格尔所谓历史发展的方向性和终局性是否存在。曾几何时，无论西方，还是东方，都曾对这种普世化的现代化方向及其结果作出了自己的论断，甚至独断，并将其作为打压其他现代化理论的凭借。此一点，在西方国家长期利用其政治、经济等方面的霸权地位，来对包括中国在内的后发国家进行意识形态

---

① 参见付子堂主编：《法理学初阶》(第五版)，法律出版社2015年版，第114页。

输入，甚至文化侵略的过程中，体现得至为明显。但实际上，即便对于西方学界而言，对于究竟什么是现代化，乃至法律现代化这一核心问题，也仍然是众说纷纭、莫衷一是，并未达成普遍性共识。反而，中国自改革开放以来所取得的伟大成就，尤其是进入新时代以来，践行中国式现代化的伟大实践，为丰富和发展人类现代化理论供给了新的养分。伴随中国综合国力和影响力的持续提升，中国式现代化道路中的中国特色、中国模式已经逐渐成为全球瞩目的焦点。毕竟，无论在理论上，还是现实中，文化、文明的多样性就注定了各自现代化道路的复杂性。将某一特定的现代化目标、路径作为放之四海皆准的绝对真理，于理论和实践上，都是行不通的。

第二，如何达到法律现代化。如果说现代化主要是一个价值判断问题，那么如何到达现代化，则更加倾向于是一个技术实现问题。无论其所追求的现代化、法律现代化目标如何，在到达这个目标过程中，有几点共性特征，仍是普遍存在的。其一，法律现代化是过程性和目标性的统一。此点前已述及，兹不赘言。其二，法律现代化是连续性和变革性的统一。所谓连续性，是指在法律更新过程中，新法取代旧法时并非全部否定、全盘推翻，而是通过一个否定之否定的扬弃过程，将旧法的内容得以部分保留。所谓变革性，是指将旧法中不符合新时代、新情况的法律制度予以更迭替换，以适应社会发展的客观需要。其三，法律现代化是民族性和世界性的统一。所谓民族性，是指在法律中要注意吸纳"法治本土化"资源①中的有益成分，通过法律继承的方式，将其制度化、规范化，并运用到法律功能的发挥中去。所谓世界性，是指在法律国际化、全球化的浪潮中，基于更好地参与国际交往、国际分工及推动和促进本国法律制度发展进化的客观需要，通过法律移植的方式，将其他国家、地区的法律制度部分吸纳到本国法律制度之中。在法律现代化的模式中，前者往往被称为内发式现代化，后者则被称为外源式现代化。

(二)对中国法律现代化的思考和展望

中国法律现代化的历程，自1840年鸦片战争失败并被迫打开国门以来，已近两百年。在此期间，不同时期国人从洋务运动、预备立宪开始，无论其主观上

---

① 这些本土化资源，往往包括但不限于习惯习俗、固有观念、文化传统等。

有意抑或无意，实际都在变相做着法律现代化的工作。从晚清到民国，再到中华人民共和国成立初期，直至当代，本书认为，贯穿于中国法律现代化过程中的几个主要特征则有：

第一，基本动力上，都在一定程度上体现了外力倒逼的外源型、模仿型色彩。近代中国的法制改革自不待言，即便在中华人民共和国成立后，中华人民共和国初期的法制实践的"全面仿苏"，在某种程度上也是因由西方国家实行外部封锁，不得已采取"一边倒"外交政策的副产品。而在改革开放以后，当中国通过建立市场经济体制主动融入外部世界之时，国际通行的贸易规则、法律制度的学习运用，自然在客观上也起到了推动国内相关民商事等法律制度的流变更新。

第二，路径依赖上，都在一定程度上体现了"立法主导、政府推进、精英为主、自上而下"的色彩。同西方文明自古希腊、古罗马以来以商品经济、意思自治为基础，所形成的以契约习惯为基础的法律渊源不同的是，中华文明建立在"以农立国"基础上所形成的"超稳定结构"中，法律更新自古以来就是借助以皇权为核心、以官僚集团为拱卫的统治阶级采取自上而下的立法方式予以推行的，带有较强的精英主义色彩。而这种精英主义倾向也是中国独有的政权合法性证成方式——德命话语，在法律领域的集中反映。即一个掌握了先进理论的先进人群，通过战争征伐的胜利来反证天命之获取，进而获得代表天下以及民众的一体化权力及其自信。① 而立法本身，在逻辑上及现实中，都是这种民众利益代表者践行"天命"的结果。

第三，具体内容上，传统和现代之间始终存在着一种恒久的张力。这种矛盾冲突，实则早在洋务运动时期的"中学为体，西学为用"中，便已凸显端倪。究其思想根源，同中华民族习以惯之的"华夏中心""华夷之辩"又存有莫大之关系。② 实际上，发端于晚清的法律现代化改革之路，确乃统治者面临"数千年之变局"而不得已采取的变计。换言之，如若没有外力作用，清政府能有多大的"发心"推行包括法制改革在内的系列改良措施，是一个值得思考的问题。换言之，中国人在集体心理上的"文化自信"，实际上早已有之。这一因由文化惯性

---

① 参见陈晓枫著：《中国法律文化研究》，河南人民出版社1993年版，第245页。

② 鸦片战争前，英国女王曾遣使马嘎尔尼赴中国。但在觐见乾隆皇帝时，双方便因下跪礼仪发生了文化冲突。这次冲突，一定程度上埋下了此后中英龃龉的初因。

作用所引致的固有心态、思维定势，对推动后来民国时期的法治现代化依然发挥了微妙而深远的影响。① 这种影响，直到今天仍然发挥着或明或暗的作用。② 如何分析、看待这种传统文化的指令作用，以及如何处理传统同当代之间的张力关系，在法律现代化过程中找到两者之间的恰然平衡，是接下来需要借助文化学、法律文化学的分析工具，去进一步厘清的问题。

---

① 如袁世凯、蒋介石等人皆曾举起过尊孔复古的大旗，并意欲用传统文化资源改造已经植入的西方法制架构。

② 如有的地方在对中小学生进行传统文化教育时，要求儿童集体向父母行磕头之礼。

第十五讲 法律文化

提要：法律文化，是学习法理学过程中一个绕不开的话题。其之所以受到人们的广泛关注，一个重要原因在于一个无法否认的事实，即一方面，特定法律文化类型在发生学上，的确对于法律制度的生成、构建、发展和完善具有重大的影响；另一方面，即便由于种种原因，它尽管未能在根本上决定法律制度的出场，但在其建立后，却又可对之施以种种微妙的影响，从而鼓励或阻止该法律制度发挥其应有的功能，因之遂变相倒逼人们去关注法律文化、研究法律文化，并努力使其在制度构建、法治建设过程中发挥正向促进作用。而所有这一切，则是建立在深刻理解究竟什么是法律文化，以及该怎样建设法律文化等系列问题上。以此为基，方得实现文化和制度之间的互促互进、和谐共生。

关键词：法律文化；决定论；正当理由；禁忌

一、从文化到法律文化：基于两种文化观的概念辨析

"法律文化"作为"文化"的下位性概念，在理解上仍然需要依循和借助"文化"本身。依据《现代汉语词典》的定义，文化是人类在社会历史发展过程中所创造的物质财富和精神财富的总和。该定义作为时人理解文化概念的基础，是从现象学的角度，通过"观看""感知"的方式，来对文化概念的内涵、外延作出的界定。这种界定，带有较明显的直观化、感性化色彩。以此为基，推而广之，如将法律文化理解并概括为人类所创造的法律制度、法理基础及其相关法学理论之总和，至少在该理论框架中，大体是合乎逻辑的。因此，这也是目前国内主流法学教材、法理学教材所使用的"法律文化"界定方式。例如，认为"法律文化是人类文明中和法律有关的物质性要素、精神性要素和制度性要素的总称，其侧重的内

容是法律现象中的精神部分"①，或"泛指一定国家、地区或民族的全部法律活动的产物和结晶，既包括法律意识，也包括法律制度、法律实践，是法的制定、法的实施、法律教育和法学研究等活动所积累起来的经验、智慧和知识，是人们从事各种法律活动的行为模式、传统、习惯"②等。

应当说，上述关于文化、法律文化的解说，带有浓厚的中国文化的基本底色。③ 即更加着眼于从前述现象的角度出发，去对文化这一母体概念进行解释。实际上，文化概念赖以依存的文化人类学，作为一门相对独立的学科，自19世纪创立以来，有其独特的研究对象和研究方法。同时，对于"文化"这一概念，也有其独特的诠释。例如，文化人类学创始人爱德华·泰勒在《原始文化》中，将其界定为"包括全部的知识、信仰、艺术、道德、法律、习俗以及作为社会成员的人所掌握和接受的任何其他的才能和习惯的复合体"④。此后有摩尔根在《古代社会》里将文化界定为人工的辅助的和自造的环境；施米特·库巴丝在《民族和文化》里认为文化是对标准形态的追求，并通过文化圈得以传播；露丝·本尼迪克特在《文化模式》中认为文化是包含了个性含义的广泛存在，是一种民族精神；马林诺夫斯基在《多维视野中的文化理论》中认为文化是人类有组织的行为等。⑤

纵观上述种种关于"文化"概念的聚讼纷争，至少可以发现一点，即文化人类学界并未将文化简单视作一种具象化、实体化的结果性存在。在此基础上，签订于1966年的《世界经济社会文化权利公约》中正式提出的国际通行文化概念，是指特定族群的生活方式。这种关于文化理解上的集体生活方式说，实际上是糅合了露丝·本尼迪克特的民族精神论和马林诺夫斯基的组织行为论之两相综合的结果，即认为文化是由特定价值理念（民族精神）所引导的，经由社会制度为载体，所形成的某一族群特定生活方式之总和。换言之，文化并非一种静态现象，而是一种动态过程。这种动态过程，比照法律行为的双重结构论，同样体现了主体经由内部（主观）观念指引，反馈到外部（客观）行为模式的生物学和心理学作

---

① 《法理学》，人民出版社、高等教育出版社2010年版，第280~281页。
② 孙国华、朱景文主编：《法理学》（第五版），人民大学出版社2021年版，第363页。
③ 参见第一讲导论中，以语言为依托的关于中西文化初步比较的相关内容。
④ 陈晓枫著：《中国宪法文化研究》，武汉大学出版社2014年版，第4页。
⑤ 陈晓枫著：《中国宪法文化研究》，武汉大学出版社2014年版，第5页。

用机制上。不同的是，只在于主体由个体变成了群体。因此，这种"思想观念—制度建构—生活方式"之三位一体文化观同传统文明成果文化观相比，具有明显的迥异性特征。

循此理路，法律文化是指特定民族在法律现象中所持有的行为规则，这一规则来源于该民族自历史传习而来的价值观念体系的指令作用。① 其中，价值观念对应思想观念，行为规则对应制度构建，指令作用对应生活方式。换言之，它同样遵循从思想到行为②，再到生活方式③的基本范式。区别只在于，在以制度为依托所形成的群体生活方式中，这里的制度主要是指法律制度。

二、理解行为方式文化观的逻辑进路：
从被决定论到正当理由

进言之，在法律文化的作用机制中，价值观念便构成了其基本逻辑起点。但是，法律文化理论的关注焦点并不仅仅停留在价值观念本身，同时还需进一步探寻这种价值观念的其来有自问题，即是哪些具体观念得以在历史传习中流传沉淀至今，从而支配了时人的大脑，指引其建构某一特定法律制度（或者对已有法律制度进行扭曲、形变和重构），从而形成某一族群的特定生活方式。这就涉及了哲学上的一个根本性问题：决定论和非决定论的理论分野。

为什么要从决定论和非决定论的角度来研究法律文化，这就涉及一个形而上的永恒追问，即人是否存在真正意义上的意志自由问题。非决定论认为，人们可以随心所欲地根据自己的意志，自主地、自由地控制自己的行为。换言之，人是有意志自由的。同时，人的行为也是受这种意志自由的指引和控制的。决定论认为，人的意志始终受到意志以外综合因素的控制，无论这种控制人主观上是否能够意识得到。马克思的"物质决定意识"论，便是一种典型的决定论思想。换言之，马克思不认为人有绝对的意志自由，任何意志自由都仅只能在一定程度和范围内成立，人无法超越既定的主观、客观环境，去进行天马行空、随意驱遣式的

---

① 陈晓枫著：《中国宪法文化研究》，武汉大学出版社 2014 年版，第 21 页。
② 制度是行为制定的结果，两者具有同一性。
③ 生活方式是指令作用的结果，两者也具有同一性。

绝对自由之思考。①

　　法律文化学是建立在决定论基础上的，根据法律文化的内在结构和作用机理，任何法律制度的创设，归根结底都是人们主观建构的行为结果。因此，在某一特定时间节点上，立法者要思考为何选择这样的建构模式，而放弃了另一种建构方向和可能；抑或当某一法律制度被创设出来后，人们为何又基于种种原因对其进行的扭曲、形变和重构。概言之，作为外部行为背后的深层次原因和动机，又是什么？是一种什么样的无形力量，支配了人们的大脑，并推动其作出某一行为模式的选择，即所谓的"被决定之匙"问题。

　　本书认为，文化科学理论中的核心——正当理由论，在一定程度上为回答这一问题提供了基本的方法论工具。所谓正当理由，是指社会多数成员认为是天经地义的理由。人们要使自己的行为获得充分的正当理由，就必须把每一种行为冲动和欲求，上升到意识层面进行识别、衡量和选择，让这种行为冲动具备观念上的"合理化解释"，然后实施。② 法律制度之建构，抑或违反法律制度的行为，其实质皆是经由"正当理由"控制、筛选后的外部结果表现。

　　除了从共时性角度辨识从正当理由到制度构建(重构)的相互关系外，法律文化学研究还有一重要任务，便是需要进一步厘清存于当下某一族群观念世界中的正当理由、指令谱系，究竟是怎么来的？这就涉及历时性的问题。无论从逻辑上，还是现实中，我们都发现这套指令系统显然是通过人们一代一代而流传下来的。每一族群在其长期生存繁衍过程中，为应对各种挑战、保存族群存续，都会形成一整套适合该族群的正当理由、指令体系。这套程序设计通过代际传递、复制粘贴，得以长久存在。此亦即前文所提到的，该民族历史传习而来的其来有自。换言之，法律文化作为一种民族精神，是在历史过程中得以沉淀和凝结的。

---

　　① 当然，除了马克思从唯物主义的角度，去论述意志的相对自由，否定意志的绝对自由外，在西方哲学史上，还有一种基于唯心主义基础上的意志相对自由论，即由中世纪经院派神学家、哲学家圣奥古斯丁所提出的"预定论"。该理论认为，只有上帝的意志才是绝对的、无条件自由的。作为基督徒而言，所行任何事本质上都是基于上帝意志事先的指引和安排。因为上帝的意志里已经包含允许受造物有自由的意志，所以人作为受造客体，也享有一定范围的自由意志。预定论思想对后世影响颇大，一直延续到新教改革后迄今的西方社会。而其理论实质，也是不承认人有绝对意志自由的。只是这种意志的终极控制力量，在于上帝自身而已。

　　② 陈晓枫著：《中国法律文化研究》，河南人民出版社1993年版，第6页。

因此，如欲了解和认识现存法律制度背后的深层次文化作用机理，往往则需回到历史传统中去寻求答案。此一点，对中华民族这样一个人类历史上最古老的文明形态之一及其所创建的"超稳定结构"而言，则尤其如此。有基于此，文本研究、历史研究、文献研究顺之也便构成了法律文化学研究中常见的研究方法之谱系。

三、法律文化学的研究范式：基于结构主义的视角

关于结构主义本身的研究方法，即将结构看作"结构是由若干局部及其转换规律通过相互作用而组成的一个有自身调整性质及其特定功能表达的图式体系之整体"①，在此不再赘述。问题的关键不仅在于以结构主义的框架去理解万事万物，还在于在认知过程中，究竟该把认知客体还原成一个怎样的结构。在此问题上，不同学者从结构主义理论出发去研究不同的结构类型，给予了我们启示。例如索绪尔的"所指—能指"结构观，克鲁克洪的"显性文化—隐形文化"结构观，拉康的"无意识—意识"结构观，弗里德曼的"正式法律制度—非正式法律制度"结构观，以及中国学者习用的"体—用"、"意念—物质"结构观②。探其要旨，无论何种结构主义文化观，其本质皆如本段开头所言，将文化这一无形物凝练还原成一具体范畴③，通过研究范畴内部各组成部分之间的层次关系、作用关系，达致对于范畴本身的深层次理解和认识。因此，该建立一个怎样的范畴、划定一个怎样的层次，对于理解法律文化这一结构便显得至关重要。

在这里，有一个基本的逻辑前提，即前文所谈到的任何法律制度，归根结底都是人之行为的产物。故而，就终极追问意义上而言，在法律文化研究中，技术分析法律制度是一回事，厘清法律制度的其来有自，则是更重要的另一回事。这里的"其来有自"，不仅是指从历史渊源的角度出发，去梳理其发展演变的具体过程之表象，而且还要继续探寻，埋藏在该表象背后的动因是什么，即：人之行

---

① ［瑞士］皮亚杰著：《结构主义》，商务印书馆1984年版，第5页。

② 这些文化结构观散见于《文化结构和近代中国》（庞朴）、《法律文化理论》（刘作翔）、《法律文化层次论——兼论中国近代法律文化演进的若干特质》（王申）、《让历史预言未来》（武数臣）等学术专著和文章中。

③ 需要指出的是，该"有形物"并非一实体性存在，而更似一种观念性存在，需要运用抽象思想去把握和理解。

为的动机、目的等存在于主观意志层面的心理活动。所谓正当理由、文化指令，其实质都是服务于这个心理活动，进而限定了心理活动的客观结果——思考方向。而最终，"被观看"到的，并呈现于现象界中的制度形态，在其根源上皆由某一特定思考方向"所决定"的。由此可见，法律文化学研究的核心内容，本质上是关乎某一民族精神赖以形成的心理学及其动因问题。其落脚点，还是复归于人本身的。

循此理路，便可以开始尝试建立法律文化学研究的结构主义理论大厦了。在此之前，还需要引入一对心理学范畴的概念：意识和无意识（潜意识）。依据弗洛伊德(Fred)的精神分析理论，人的意识分为三个层次：本我、自我和超我。其中，本我又称为"力比多"，是指人的原始欲望和激情。① 自我是指人用理性压抑、控制自己的欲望，使之不至于彻底毁灭自身。超我是指当这种压抑、控制从量变到了质变，个人便彻底超越了自己的原始欲望、人性本能，从而将自己和社会规范融为一体，并在"毫不利己，专门利人"过程中，升华到了一种极高的道德境界，亦即超越了自我。但是，基于人性固有的特征，对于原始本能的压抑又不可能做到严丝合缝、完美无缺。因此，当部分本能被人为压制后，便进入了"潜意识"。这里的潜意识，是指其内容可能因为主体有意识地遮蔽而"不被观看"。但实际上，它依然隐性存在②，并会对人的行为发挥或明或暗的影响。现实中，这种影响可能通过神经症③、躯体症状④，甚至精神分裂症⑤等症状得到扭曲反映。但无论如何，意识或潜意识，都会对人的行为起到导向和控制的客观作用。

个体如是，群体亦然。"具有自己风俗的一定类型的社会，也必然具有自己的思维式样。不同的思维式样将和不同的社会类型结合。"思维式样，亦称思维方式，包括思维模式和致思途径，是人们在能动的认识过程中采取的方法，以及在

---

① 这种欲望和激情，在弗洛伊德那里很大程度上指的是性欲，或曰之基督教所谓的"原罪"(original sin)。

② 如梦境中的存在。

③ 常见的神经症有焦虑症、抑郁症、双向情感障碍等。

④ 常见的躯体症状是由心理失调导致身体上的功能性障碍，如头疼、失眠、消化不良、慢性疼痛等。这些功能性障碍，往往并非因器质性病变所导致。

⑤ 精神分裂症是一种较严重的精神类疾病，往往伴随大脑的器质性病变和患者的认知改变，以及社会功能部分或全部丧失。

思维中把握世界整体联系的方法。① 作为心理学中的普遍性规律，个体心理中的意识和潜意识，在群体心理结构中同样存在。当然，从群体心理来看，其同个体心理仍然存有一定些微的区别。这种区别主要表现在，群体中个人的个性因为受到不同程度的压抑，即使在没有任何外力强制的情况下，他也会情愿让群体的精神代替自己的精神，而更多地表现出人类通过遗传继承下来的一些原始本能。②换言之，相对于个人，作为一个群体更容易受到某些既定的思想观念的恒久影响。这种影响主要是通过思维定势作用，即概念在思维中的固定倾向③，从而使得作为文化指令核心的正当理由谱系，得以代代相传。

以此为基，本书在陈晓枫教授的研究基础上，将法律文化结构进一步分为以下三个层次：

表层结构，是法律文化之表象。其范围涵盖了法律制度(法律文本)、法律机构(立法机构、执法机构、行政机构、法律监督机构等)、物质设施(办公场所、仪式工具等)和法律现象(法律实效、法律心理等)，是一个国家法在运行过程中，在现象界中呈现出的为人们可观看、可感知、可认识的客体对象之总和，并反映在立法、执法、司法、守法和法律监督的全过程中。④

中层结构，是法律文化之内核。是指支撑现行法律制度、法律机构等客体对象背后的法理精神、理论基础。实践中，这一部分是法律实践、法学研究所关注的中心内容之一。

深层结构，是法律文化之始源。是指特定族群赖以根据某一法律理论进行某种法律实践的深层次心理动因。这种心理动因，受到该族群自历史传习而来的集体显(无)意识、思维定势的支配，并通过正当理由、文化指令予以显现，进而导引了其现实的法律实践。

要之，作为一种理论分析范式工具，法律文化结构论至少具有三方面的特点：其一，在性质上，法律文化是一种民族集体法律心理的作用过程。其二，在

---

① 陈晓枫著：《中国法律文化研究》，河南人民出版社 1993 年版，第 23 页。

② [法]古斯塔夫·勒庞著：《乌合之众》，冯克利译，中央编译出版社 2005 年版，第 10 页。

③ 陈晓枫著：《中国法律文化研究》，河南人民出版社 1993 年版，第 23 页。

④ 换言之，截至目前大家所学的法学、法理学基本知识，大多还处于法律文化结构的表层和中层。

位阶上，法律文化位于这种集体心理结构的最幽深之处。其三，在机制上，法律文化虽未直接显现，但却是以一种"无在却又无处不在"的方式，间接支配着显性的法律理论及其实践过程。换言之，这一"不在场决定在场"的作用机理，深刻反映出"法律在本质上是一种文化现象"的固有规律，以及被决定论的应然之道。

四、两 个 示 例

（一）近代中国表达权利制度

下面，试举两个范例来说明如何运用法律文化结构论来进行制度解构。一个是关于近代宪法制度中的表达权利问题。作为宪法母体权利中的子权利类型，表达权利制度同宪法制度本身在应然意义上是共生共存、不可分割的，系人类宪法制度发达史中的固有规律。这一规律在近代中国"西学东渐"大潮中植入源自西方的宪法制度时，却发生了龃龉、扭曲和形变。例如，在表层结构上，国民党北伐成功、形式上统一中国后所颁布的首部宪法性文件《中华民国训政时期约法》（1931年）第十五条规定，人民有发表言论及刊行著作之自由，非依法律不得停止或限制之。该表达权利赋权条款，在内容上同自《中华民国临时约法》以来的历次宪法（或宪法性文件）的颁布中，至少在立法精神、基本规定上是一脉相承的。换言之，在近代中国的立宪过程中，对于国民进行表达权利的普遍赋权是一种常态。但是，早在该约法颁布前的1930年，南京国民政府便已通过颁布《出版法》针对国民的表达权利进行了反向限制。① 而类似限制复见于其1932年颁布的《宣传品审查标准》第三项关于禁止宣传的内容规定中。②

该如何看待这一法文化现象，仅从表层结构的文本内容出发，显然是不够的。而在中层结构上，近代中国立宪逻辑背后同西方法治文化语境下的立宪逻辑，在立法精神、法理基础上也存有明显的差异性。概言之，从法律移植的角度

---

① 该法第十九条规定：出版品不得为下列各条之记载：一、意图破坏中国国民党或三民主义者；二、意图颠覆国民政府或损害中华民国利益者……

② 该标准第三条规定禁止宣传的内容有：一、为其他国家宣传，危害中华民国者；二、宣传共产主义鼓动阶级斗争者；三、宣传无政府主义、国家主义及其他主义有害党国者……

来看，近代中国显然并不具备西方政治法律文化中，自古希腊、古罗马起就已发端的以商品贸易为经济基础，以分权主义为政治基础，以鼓励辩论为表达基础的文化母体先天环境。这种文化母体，自西方文明早期伊始便已孕育，并经由古罗马时期基督教的浸润，中世纪教俗之争的催化，文艺复兴、宗教改革的启示，最终由资产阶级革命所推动、奠定，从而将市民社会的法权要求落实到各国的宪政建设中。① 这一过程，以马克思历史唯物主义视角观之，实际上还是其根本经济基础在上层建筑的体现和反映。凡此种种，皆同以农为本的中华先民自古以来所形成的，在以战争征伐为基本动力的家国同构、扩族为国的宗法拟制式国家建构方式是完全南辕北辙的。在中国特色文化语境中，个体的表达行为，从未真正进入"正当理由"的决定范畴之内，进而拥有其合法性、合理性基础。

具言之，这种天然差异性，反映在法律文化深层次结构中，便是植根于西方政治法律文化传统中以"自由辩论、分权制衡"为代表的正当理由、文化指令，是否进入中国人的大脑深处，成为导引其法律实践的群体心理之基础。而长期浸润于儒家文化传统下的国人在内心的潜意识、无意识中，早已习惯在社会公共生活中，将自身表达权利一体让渡于通过战争征伐而"解民于倒悬"，② 并获取了执政合法性的精英集团。换言之，中国式的"谨言慎行、少说多做"的法文化禁忌，是自秦汉以降便已一以贯之的。近代中国表达权利制度所呈现出来的复杂面相，在某种程度上正是两种不同法律文化冲突、碰撞的结果。

(二) 当代中国"汽车限购"现象

当代中国的汽车限购，则是另一值得从法律文化角度进行分析和解构的常见法律现象。不少地方政府为了控制机动车的数量，以保证交通安全的畅通，便会出台种种"限购措施"，对汽车消费市场的规模进行总体控制。作为一种行政命令，这是一种典型的抽象行政行为。③ 而在我国现行行政诉讼体制中，抽象行政行为是不具有可诉性的——《行政诉讼法》第十三条规定，人民法院不受理公民、

---

① 这是一个长期而复杂的过程，其间各种变量之影响亦比例不一、作用殊异，本书仅从大略出发，做一简要概括。

② 需指出的是，所让渡的，也并非仅及于西方法文化语境下的表达权利之一端。

③ 所谓抽象行政行为，是指行政机关所颁布的针对不特定行政主体，所实施的行政行为之方式。多见于行政命令、决定等。

法人或其他组织对下列事项提起的诉讼：……(二)行政法规、规章或者行政机关制定、发布的具有普遍约束力的决定、命令……这是一个很有意思的法律现象，即行政主体所做出的抽象行政行为，溢出于司法之社会正义最后防线结构以外，而流转于国家权力缝隙之间。

作为一种"法律短板"设计程序，这绝非立法者的无意疏忽，更似一种有意而为之的结果。在中层结构的法理逻辑上，其实质体现了中国立法者在许多部门法中的一种"艺术留白"。① 而在深层结构上，则主要反映出基于传统文化指令支配下，"一元权力，无往不利"②的当下沉淀和重构效应。换言之，表现为决定、命令的抽象行政行为，现实中构成了种种政府"红头文件"的来源。红头文件，正是行政权力的物质载体。③ 所以，抽象行政行为在一定程度上的"法外溢出"，本质上是政府行政行为的"强势之果"。而此一点，恰和中国传统政治法律文化中的内在机理、惯性观念是相互映照的。

---

① 如立法文本中常见的"但书"，即为此一常例。

② 陈晓枫、余超：《论"中国式"汽车限购的合法化治理》，载《江苏行政学院学报》2015年第5期，第113~119页。

③ 现实中，红头文件的类型多样，正恰体现出政府权力的外延广大。

第十六讲　依法治国

提要：依法治国，是法学研究、法律实践所围绕的中心问题，也是社会主义法治建设中所面临的中心任务，所以，也是学习法理学过程必须掌握的内容之一。大略来看，依法治国的知识内容体系总体较为庞杂。本书认为，作为大一新生而言，首先需要把握对于以下几个基本概念的理解和辨析，一是法治和人治，二是法治和法制，三是法治和德治。在此基础上，再结合前讲"法的运行"，着力围绕立法、执法、司法、法律监督和守法等几个关键性环节，去深入把握该如何把法治本身的基本精神、题中之义予以有效贯彻的问题。在此过程中，有两个基本点尤其需要引起注意，一是从制度建构层面，如何将权力有效关进各类"法治之笼"里，夯实法治的制度性基础。二是从社会层面，如何塑造人们的法治意识，不断提升全体公民的法治信仰，夯实法治的观念性基础。

关键词：法治；人治；法制；德治；权力；信仰

一、法治和人治

人们对于"法治"的理解，往往是将"人治"作为其参照系来进行的。究其缘由，一个较直观的原因，便是从人类法治发达史角度来看，人治相对于法治而言，是较早出现的一种政治共同体治理状态。何谓"人治"，其关键不在于这种治理过程是否需要人的因素，而在于人的因素，在治理中占比多少、地位如何。① 作为一种古老的治理方式，无论西方，还是东方，举凡谈到人治，皆在一

---

① 盖因其任何治理方式，离开了人都是不可能进行和实现的。所以，人本身的客观存在和参与，并非判断标准的关键。

定程度上承认统治者的个体意志，在共同体中具有至高无上的地位。这里所指的统治者，既可能是作为个体的君主、皇帝、国王，也可能是作为群体的贵族、官僚、党派等。但无论所指为何，只要统治者的个体意志或全体意志，能够凌驾于全社会之上而成为一种具有普遍约束力的强制力量，即权力意志本身在行使过程中的恣意任性、无往不利，那么，即为一种人治的表征。

在此意义上，中国古代的君主们，自秦汉以降及至晚清，所厉行的统治方式即是一种典型的人治，已成为一种普遍的共识。两千多年来，在中央，皇权在国家权力结构中，总是具有绝对的、无可置疑的、不能反抗的权威性地位；在地方，各级官吏受皇帝委派进行治理，在各自权力行使范围内，同具有一定范围内的一言九鼎之威权力量；在家庭，父亲、丈夫等男性尊长，对于其他处于卑幼地位的家庭成员，也拥有类似的绝对权威。要之，在"君为臣纲，父为子纲，夫为妻纲"的三位一体等级结构中，每一"纲极"均构成权力之核心，亦即"人治"之中心。换言之，在从中央到地方，再到家庭的权力场域中，绝对权力意志宰制下的普遍人治政治秩序是广泛存在的。因此，立法本身同样是依附于统治者意志的。或者说，法律本身即为其权力意志的同义语，即所谓"法自君出，朕即法律"。在此情况下，即便存在法律，其也不具有相对独立的地位。而充其量，只是作为统治者治理社会、统驭万民的手段和工具。这便是英文所谓 rule by law 的由来。①

法治作为和人治完全不同的治理方式，其诞生则是较晚近的产物。作为西方国家近代资产阶级革命的成果，法治秩序的建立同其自古希腊、古罗马时期即生发的分权主义传统、人民主权理论等客观主观等因素，存有莫大之关系。其作用机理，也是和传统人治方向完全相反的。换言之，在法律规定和权力意志的双向博弈中，同人治状态中的"权力产生法律，法律依附权力"不同的是，在法治状态中，遵循的是"法律产生权力，权力依附法律"基本逻辑。亦即我们俗称的权大，还是法大的问题——人治是权大于法，法治是法大于权。实质上，从政治共同体的阶级力量对比关系来看，这里面还隐含了两种不同意志的

---

① 本段引用中国古代社会作为释明人治的证据，并不代表人治仅仅存在于中国古代。事实上，在人类社会发展早期的奴隶社会、封建社会中，都存有较典型的人治形态。这些人治形态，无一例外都以专制形式得以表现，如西方古希腊、古罗马的奴隶主之治，中世纪的君主、领主和天主教会之治等。

较量，即如果把法律看作人民公意的集合表达，那么法律同统治者权力意志之间的较量，其实质体现了其背后的人民意志同权力意志之间的力量对比关系问题。① 此一点，对于我们深入理解法治和人治的差异，或许具有更加重要的形而上之根本意义。

所以，在此角度上，从人治到法治的转变，不仅是一个社会治理方式转变的孤立问题。在更深层次意义上，它实质体现了一个国家、民族、族群在公共权力和公共利益的配置和归属的政治文明进化问题。在人治状态下，公共权力归属于专制统治者自身，他的意志，即为国家意志、法律意志。在法治状态下，公共权力归属于全体公民②，公民意志通过立法机构得以集合表达。法律，只是这种集合表达的客观结果。因此，所谓法治，在表层意义上是指技术上的"缘法而治"，在深层意义上是指根源上的"民主之治"。换言之，凡无真正的民主，亦无真正的法治。由此，在法治(rule of law)中，rule 背后的权力意志同 law 背后的人民意志，至此完成了相互彼此之间的和谐统一、同构共生。

二、法治和法制

下面，我们来进一步谈一谈法治和法制。所谓法制，是指法律制度(legal system)，即以法律为基础所形成的一种规范化、体系化的办事规章、行为准则。其主要由权利、义务和责任所组成。法治和法制，是法学初学者较易混淆的两个概念。甚至在学界，早年也并未对其进行明确区分。③ 其原因，则在于它们之间的普遍共性，即政治共同体在阶级统治、社会管理过程中都将法律作为治国理政的资源凭借。换言之，混淆的关键，则在于为现象界的法律制度所遮蔽，而忽略了其背后的本质。实际上，两者之间的区别是明显的。上文谈到，法治的核心要义，是用法律及其背后的公民意志去约束权力本身，通过将其关进"法治之笼"中，从而达致良法善治。所以，从法治和人治的根本范畴出发，可以发现，无论

① 如前所述，此一点，在一个纯粹的人治社会是不存在的。盖因其不存在两种对立的意志，而只有一种意志，即统治者的权力意志。

② 当然，这里的公民，特指享有合法公民权而未被剥夺政治权利者。

③ 例如，在研究城市法治史的早年学术成果中，亦有直接以"法制"为命名者。参见王立民著：《上海法制史》，上海人民出版社 1998 年版，第 59 页。

是法治状态，抑或人治状态，法律制度都是可能存在的。在多数情况下，也是实际存在的。当统治者将法律仅仅当作政治统治、社会管理的手段和工具时，法律制度依然也是出场的。此一点，无论从西方，还是东方，抑或中国从古至今所经历的各类历史形态的社会类型中，皆可发现法律制度留存的文献及实施证据，便可管窥其一斑。

由是观之，两者虽然仅存一字之差，但其背后意蕴却已是大相径庭。法治是一种价值追求、理想彼岸，是人类政治文明向前发展进步中，在一定程度上所普遍认同的相对完美的治理状态。法制是一种技术手段、中介桥梁，是人类政治文明在不同历史发展阶段中，皆会被作为法的资源之凭借。后者是前者的必要条件，而非充分条件。换言之，有法治，则必有法制。因为法治的实施，法治体系建设是其基础。有法制，并不必然带来法治。因为作为权力意志本身来说，即便其跳脱于法治体系之外，其依然可以"君临俯瞰"地借助这个体系本身以达到自己的目的。现实中，从古至今的各类专制统治者，恰恰就是习惯于借助法律制度，厉行严密法网，巩固自身的统治地位的。①

三、法治和德治

所谓"德治"，顾名思义，是指以道德作为治理的手段和工具。将道德作为社会治理的资源之一，在人类文明历史上可谓是源远流长。仅从前讲法律文化结构论的视角来看，种种"正当理由"之谱系本身，在很大程度上便是因由带有较强道德义务色彩的文化禁忌发展演变而来。以在各类道德义务中所占比重较大的"性的禁忌"为例，几乎可见于所有古代文明类型，甚至立法者会将其直接纳入法律制度的基本范畴中。如现存最早的成文法《乌尔纳姆法典》规定，已婚女子如果勾引别的男子就要被处以死刑。与此同理，《汉谟拉比法典》也规定，已婚女子如果不检点，轻视丈夫或以未经许可离家出走的方式来羞辱自己的丈夫，就有被溺死的可能。而在中国汉代，也有定国和其父亲、兄弟的妻妾通奸而畏罪自杀的记载；唐代以后，对于家族内部发生于亲属之间的奸非行为，则一律按内乱

---

① 以中国为例，从秦始皇所厉行的法家之制到晚清的立宪改革，究其根本目的皆概莫能外。

罪惩处；及至明清，族内通奸被列入"十恶"。而这一法律道德相互混同的调整机制，还在元明清三代禁毁小说戏曲等针对艺术表达行为的治理中得到了体现和反映。其正当理由，则主要盖因其会"败坏风俗，蛊惑人心"①。

前面曾经谈到，法律发展中的一个主要规律之一，便是道德、宗教和法律从彼此混同到相互分离。那么在人类文明发展的早期，所出现较明显的泛道德主义倾向，恰和人之为人的本性密切相关。或者说，这是人之所以区别于动物的一个重要标志。② 前讲谈到，即便在原始社会，氏族首领的高贵德行，也是其权威合法性来源的重要凭借之一。柏拉图所谓哲学王统治之说，③ 实际上也暗含了这一伦理道德至上性的类似倾向。中国古代对于统治者在"天地君亲师"的五位一体设计中，也强调了其之所以能够"君临天下、四海咸服"，其根本原因还是在于他应当是一位道德上的完人之存在——天命靡常，唯德是辅。④ 反之，如果其出现"凶德"，百姓怨言就会上达于天，天便令其"早坠厥命"。王朝更迭，被解释为只是新朝政权通过"替天行道"予以改朝换代的必然结果。要之，尤其在中华法系中，凡道德思想之著于经义而未被法典包括，或法典之所定未能符于经义者，则经义之效力往往等于法律，或且高于法律。总之，道德从法律的创制和法律的实现两个方面，实现了对法律制度的潜在制约。⑤ 直至今日，近年来由官方所屡被提及的关于社会主义核心价值观这一道德资源引入裁判文书之倡议，从中仍可瞥见传统德治本位主义的历史幽影、文化指令，在新时代的沉淀、形变和重构。⑥

---

① 参见余超：《论民国前期艺术表达权利制度的文化禁忌》，载《中西法律传统》2022年第4期，第117~118页。

② 以上文所论性的禁忌为例，动物之间随意发生性行为，甚至于乱伦行为是较常见的。

③ 柏拉图认为最好的政体应是由一位具有高深哲学素养、高贵道德修养的君主来统治的政体。

④ 至少在理论上，儒家是如此认定的，即孔子所言：其身正，不令而行；其身不正，虽令不从。

⑤ 陈晓枫著：《中国法律文化研究》，河南人民出版社1993年版，第96~97页。

⑥ 不唯如此，在当代中国，对于包括教师等群体在内的国家公职人员在管理、惩处上基于道德瑕疵零容忍下的一票否决制，亦可视作传统文化指令润入当下的制度产物。而在惩处的正当理由上，表现为"生活作风"问题的性之禁忌，仍然起着主要的支配性作用。

四、一个阶段性总结：人治、法制和德治

讲到这里，我们可以发现，法制和德治，实际上同一开始所讲的人治是具有某种内在的逻辑关系的。一方面，如前所述，即便在人治状态下，依然会有法制的存在。不唯如此，作为统治手段技术化、精细化的结果，法制在阶级社会中在建构和维护阶级统治秩序方面，甚至还是不可或缺的。另一方面，如果说法制仅仅作为一种社会治理的方法，还带有一定价值判断上的中性化的色彩的话，那么德治在某种程度上，同人治的结合则可能会更加紧密。其理由在于，任何一个政治共同体，都需要有一个关于政权合法性来源的叙说理论。通俗来讲，便是指在一个政治共同体中，人们为何要服从主权者的权力意志。即政治统治行为旨在把政治权力关系转变为政治权威和服从关系，在这一过程中，政治权威和服从关系能否和在多大程度上得以建立，其建立以后能否和在多大程度上得以维护和有效运行。[1]

循此理路，马克斯·韦伯所谓中国式"政教合一"理论，即皇权之所以既代表一种世俗权威，又代表一种精神权威，其原因大略处于两端：一是其已经通过战争征伐的获胜结果反证了其获得"天命之授权"，二是其行使主体在质料意义上总是同一般百姓不一样。[2] 该两者，在儒家传统文化路径中，实质皆指向其"德治"的资源基础。换言之，其一，皇权集团通过战争获取政权，本身就代表了其"反证天命，更有德行"。其二，人民对于皇权的无条件、绝对地服从，是建立在其是一"道德完人"之存在这一前提和基础上的。正如孔子所言，一个人能否治理国家，要看他能否施行"仁政"。而"仁政"思想，必然引出"德治"观念。而所谓"德主刑辅""道德教化"，正是这种观念推演的必然结果。[3] 事实上，在近代宪政意义上的人民主权原则及其代议制度为后世广为接受前，[4] 统治者要求人

---

① 王浦劬等著：《政治学基础》（第二版），北京大学出版社 2006 年版，第 123 页。

② 这种"不一样"，就是一种典型的等级主义思想。亦因为此，在传统儒家的理想秩序中，基于"士农工商""三纲五常"基础上的等级主义，是无处不在的。

③ 参见程乃胜著：《基督教文化和近代西方宪政理念》，法律出版社 2007 年版，第 304 页。

④ 如西方的议会制度，中国的人民代表大会制度，皆是代议制的不同类型。

民恒久服从其统治，如舍去道德资源，实在是别无他物。即便在西方文明发展早期，柏拉图的哲学王统治论，其立论基础亦莫不如是。只不过其能较早看到，这样的"道德完人"在他所生活的城邦现实中，是不可能存在的。因此晚年不得已，遂才转向于法治之论而已。①

与此同理，西方文明在基督教神权统治时期的中世纪，教会借助其宗教权威厉行其专制统治，直将其权力意志从"天国"扩散到"尘世"，其内在逻辑几乎是一样的。即为什么人们要服从教会的权力意志，因为其掌握了绝对真理，具有更高的精神觉悟，而为什么教会又具有更高的精神觉悟、道德水平，因为教士们精通圣教精义，同上帝距离更近，因而更能接受上帝的直接启示。所以，信徒们如欲获得真正的拯救，就必须通过教会为中介，才能实现同上帝的有效连接。② 由此可见，这套理论说辞同中国古代的帝王德治优越论，在其内核上是具有某种同构性的。只不过，前者的道德资源来源于"上帝"，后者的道德资源来源于"天"，尽皆带有某种宗教神秘主义色彩。此即马克思认为，在阶级社会中，宗教是统治阶级用来愚弄、控制被统治阶级的精神鸦片之另一解读。要之，当一个社会极度强调所谓人治及其伴随的德治之重要性时，这个社会往往是一个专制的社会。而在专制社会中，是没有法治存在的基本土壤的。

五、法治之基础：如何看待人性
——以黄宗羲思想为基础的展开

因此，当我们把视线回归到究竟该如何达到法治这一根本性命题时，则还是需要回归到人本身的问题上来。具体而言，建筑法治的逻辑起点，则在于究竟该如何看待人性。理由在于：其一，任何社会都是由人所构成的。其二，任何社会的任何机构，无论政治机构，抑或商业机构，还是其他机构，剥离机构本身的虚

---

① 在此问题上，中西两种不同文化针对人性不同的本性认识问题，在一开始就出现了基本的差异。

② 但事实是，教会作为一个人的组织，最后还是因其长久掌握权力及其内部等级森严的教阶制度而不可避免地走向了腐化、堕落，进而演变成为文艺复兴、宗教改革的导火线。其根源，还是由人性拥有其无法逃脱的弱点所导致的。

幻外壳，其内核仍旧是人自身。① 其三，机构的权力，乃至国家的权力，其实质仍旧是体现为人的意志之权力。其四，在阶级社会中，统治阶级赖以行使其阶级统治权力的名义过程中，所谓"天道""上帝"等诸说，只是用来为这种权力宰制关系涂脂抹粉的合法性工具。在西方，前面提及的天主教神权统治时期，教士阶层赖以凌驾于全社会之上的精神资源——基督教教义，实质就是扮演了这样的角色，发挥了如此的功能。马丁·路德的宗教改革，在一定程度上，只是揭穿和解构了笼罩覆盖于教会同信众之间这一层虚假的面纱。至此，尽管在宗教改革后，也曾短暂出现过"新教专制"②。但是，当人们开始认识到，世俗世界中的每个肉体凡胎基于"上帝面前人人平等"的观念基础，终究共享基于生物学、伦理学上的同一性时，过去那种普遍的、绝对的、神秘的"人造神圣"便已成明日黄花，不复再有。人们对于执掌权力者的普遍不信任，由此开启了近代以法律(多数人意志)制约权力(统治者意志)的端绪。

在东方，尤其是中国古代，虽不具备西方那种浓厚的宗教文化氛围，但如前所述，皇帝及皇权所享有的至高无上的地位，其实质上是类同于一种神格、神性的存在。在儒家文化的程序设计中，君主至少在理论上是一位道德上的"完人"。③ 盖因其非不如此，则不能获得其权力终极合法性的有效源头。这样一来，在"统治者—被统治者"之间的权力关系结构中，赖以联结的黏合资源仍然是一种虚无缥缈的意识形态。只不过，在西方体现为基督教，在东方则反映为"儒教"。两者之间，其形相异，其实类同。其本质都是指向一群人同另一群人的关系模式建构方式。

但基于种种复杂的原因，在古代中国，似乎并未有人对此问题进行过深入研究和探讨。即在笼罩覆盖于"三纲五常"儒学经义之下，人和人之间关系的这种程序设计，究竟具有多大的合法性和合理性。某种特定程序在文化惯性作用下，似乎业已成为一种先验性的、类似于西方自然法性质上的真理性存在。其间，在

---

① 亦因为此，《公司法》中设计了"刺破公司面纱"制度，即剥离公司的外壳后，公司同债权人之间所形成的债权债务关系，其本质仍然是公司股东同债权人之间的利益纠纷关系。反之，如若公司股东恶意利用公司的独立法人地位，意欲欠债不还。那么，这种债权债务关系的法律效力，就从公司扩散到公司股东自身。

② 如加尔文在瑞士日内瓦所建立的神权共和国。

③ 尽管事实往往与此相反。

明末清初交汇之际，学者黄宗羲对此问题作出过难得一见、恰如马丁·路德般"离经叛道"的反思。而他思想之筑基，巧合地也是建立在类似于基督教般人性恶基础上的：

> 有生之初，人各自私也，人各自利也，天下有公利而莫或兴之，有公害而莫获除之。有人者出，不以一己之利为利，而使天下受其利，不以一己之害为害，而使天下释其害。此其人之勤劳必千万于天下之人，夫以千万倍之勤劳而己又不享其利，必非天下之人情所欲居也。故古之人君，量而不欲入者，许由、务光是也；入而又去之者，尧、舜是也；初不欲入而不得去者，禹是也。岂古之人有所异哉？好逸恶劳，亦夫人之情也。①

这段话的大意是说从一开始，人的本性就是自私的。因此，要求统治者完全摒弃私心私利而一心为公，是不符合人之常情的。所以，有人经过权衡之后放弃君主之位，有人做了君主后又主动相让，也有人做得不情不愿。其原因皆在于人的本性都是自私利己、好逸恶劳的。

在此基础上，黄宗羲进一步揭开君主政治的面纱。即在本质上，他仍然只是一个人，也有同千千万万黎民百姓一样的、基于人之本性所生发的私心。只不过，当其拥有了基于皇权上的绝对权力之后，其人性中的贪欲一面，便由此而肆无忌惮地得以释放：

> 后之为人君者不然，以为天下利害之权皆出于我，我以天下之利尽归己，以天下之害尽归于人，亦无不可。使天下之人不敢自私，不敢自利，以我之大私为天下之大公。始而惭焉，久而安焉，视天下为莫大之产业，传之子孙，受享无穷，汉高帝所谓"某业所就，孰和仲多"者，其追利之情不觉溢之于辞矣。②

这一段话是说，尧舜禹三代以后的人君，便再也没有那样的道德觉悟。反

---

① ［明］黄宗羲著：《明夷待访录》，段志强译注，中华书局 2011 年版，第 6 页。
② ［明］黄宗羲著：《明夷待访录》，段志强译注，中华书局 2011 年版，第 8 页。

之，他们多将自己看作执掌天下的终极权力来源。同时，还利用手中的权力将天下的利益全归之于自己，而不惜让广大百姓去承受所有的灾害。如此，搞得除了君主以外的所有人，都不敢光明正大地为自己争取应得的利益。这样一来，君主个人的私欲，便可堂而皇之地凌驾于所有人的公共利益之上。面对这种情况，君主一开始可能会觉得有点不好意思。时间久了，便也已习以为常了。不仅如此，还进一步想着如何将这一份"家天下"的产业，能够永远传之于子孙后世，永保其荣华富贵。

所以，黄宗羲认为，"然则为天下之大害者，君而已矣"①。该惊世骇俗之论断从法理角度来看，实际业已部分触及了这一人性根本规律所在：权力导致腐败，绝对的权力导致绝对的腐败。君主政治三代以后的日趋异化，实质只是该人性幽暗的又一证据之表现。这同人类历史上所曾存在或依然存在的包括但不限于神权政治、君主政治等在内的种种专制政治现象，在根本上其实并无不同，即皆唯权力意志不受限制、恣意任性是也。

遗憾的是，虽然黄宗羲已经看到："此三代以上之法也，因未尝为一己而立也。后之人主，既得天下，唯恐其祚命之不长也，子孙之不能保有也，思患于未然以为之法。然则其所谓法者，一家之法，而非天下之法也。"②但是，他囿于自身的时代局限，仅将其归因于法律文本的宽严尺度问题：

> 三代之法，藏天下于天下者也。山泽之利不必其尽取，刑赏之权不疑其旁落，贵不在朝廷也，贱不在草莽也。在后世方议其法之疏，而天下之人不见上之可欲，不见下之可恶，法愈疏而乱愈不作，所谓无法之法也。
>
> 后世之法，藏天下于筐箧者也；利不欲其遗于下，福必欲其敛于上……天下之人共知其筐箧之所在……故其法不得不密。法愈密而天下之乱即生于法中，所谓非法之法也。

据此，黄宗羲虽已看到"一家一姓"的皇权弊端及在此权力笼罩覆盖下的法律文本扭曲异化的问题，但却未能将解决方案落实到建立于真正的"以法律制约

---

① ［明］黄宗羲著：《明夷待访录》，段志强译注，中华书局2011年版，第8页。
② ［明］黄宗羲著：《明夷待访录》，段志强译注，中华书局2011年版，第8页。

权力"的法治化路径上来。换言之，其之所谓法律"宽严之辩"，实则仅涉及法律调整社会生活的范围及尺度之细节性、技术性问题，而非法律这一规则体系的源头性、根本性问题，即立法权究竟归属于谁。正所谓，权力仅对其来源负责。如果立法权归属于人民，那么黄宗羲所孜孜以求的"三代以上之法也，因未尝为一己而立也"，才能成为一种常态。基于人性利己的固有倾向，人民毕竟不会立出一个限制自己、打压自己的法律。反之，当一切"操之于君"，那么所立之法既可能"藏天下于天下者也"，也可能"藏天下于筐箧者也"。因为君主常怀利己之心，亦是人之常情。所以，其所立之法为良或恶，几全赖乎人主的"道德自觉"和"个人好恶"。如此一来，实则已然抽掉了法治的根基，而流于人治的渊薮了。

六、如何达到法治

黄宗羲作为帝制时期中国思想界著名的"反叛人物"，在《明夷待访录》的《原君》《原法》等诸篇中所阐发的新思想，在当时时代条件、社会环境下，已属难能可贵。但遗憾的是，这一难得的思想火花在明清两代动荡之际，终究归于昙花一现。甚至据说黄宗羲本人在入清以后，自己虽身不仕清，却并不禁止门人弟子入仕为官，也与不少清朝官员来往密切，甚至还曾称康熙为"圣天子"等。[1] 也因为此，有论者认为其所谓"待访之说"，还是基于中国传统知识分子阶层意欲通过获得权力垂青，借以实现自己"修身，齐家，治国，平天下"政治理想的一种"复制粘贴"而已———一如孙中山早年所著《上李鸿章书》的初衷。但其思想中的革命成分，在下一个历史更迭之际，即从晚清到民国的革故鼎新中，却由此发挥了重要作用。相传，孙中山在通过前述"体制内"的上书活动失败后，便开始了实现其方法论的转向。而在其走向暴力革命的过程中，黄宗羲的思想作为一种重要理论资源，如《原君》《原臣》诸篇，即被革命党人作为宣传革命的小册子进行散发，借以达到实现同盟会之反抗满清目的。

但需指出的是，中国自近代以来的历次改革、改良乃至革命，皆有其独特的历史背景和行为动因。该背景动因，同自1840年鸦片战争失败以来，所伴随的割地赔款、亡国灭种的耻辱体验、生存危机是密切相连的。换言之，中国真正开

---

① ［明］黄宗羲著：《明夷待访录》，段志强译注，中华书局2011年版，第8页。

始探索其从人治到法治的道路，其首要目的并不是一个建立更良好的制度本身的问题，而在于如何去解决"保种保教"的立国根本的问题，从而带有较强的形势倒逼性和目的功利性的色彩。其要旨，不是将其落脚于建立权利本位主义上的权力限制之体制机制，而迫不得已只能将一切祸端皆归因皇权制度本身。所以，不管三七二十一，先将其"打倒推翻"再说。至于说，皇权制度究竟有什么根本缺陷，在将皇帝推翻后到底究竟该建立一个什么样的制度，以及在这个制度下的人民究竟应当如何落实那些宪法上的权利等一系列问题。无论是早期的同盟会，还是民国建立以后的北洋军阀、国民党，并未对此有一个清晰的认识和规划。此外，即便民国成立以后，历届政府所面临的内忧外患，尤其是外患因素，在第二次世界大战及其殖民主义国际大环境下，也从未根本消弭。在内外战争持续动荡中，时人恐难保持一份基本的平常心，去冷静思考法治中国的建设之途，而将一切皆让位于求得民族生存本身。此一点，或许是在一定程度上导致"城头王旗交替变换，法治始终难于落地"的重要外因。也由此外因，近代中国一直未能找到一个"运用法律，约束权力"的有效路径和恰当方法。无论是执政的袁世凯及北洋军阀集团，还是其后的国民党以及蒋介石，终皆因袭中国传统理路，走向了人治，乃至于专制，背离了孙中山先生创立民国的初衷。

七、如何实现法治——以中国特色法治建设之路为例

中华人民共和国成立后，曾经历了前三十年法治建设的曲折道路。自党的十一届三中全会厉行拨乱反正、破除"两个凡是"，并实行改革开放基本国策以后，在邓小平同志的领导下，党和国家开始步入法治化轨道。鉴于改革开放前历次政治运动，尤其是"文化大革命"中以权代法、以言代法给民主法治建设造成严重破坏的历史教训，邓小平同志痛定思痛，首先就民主和法制①的关系，提出了重要论断：社会主义民主和社会主义法制是密不可分的。为了保障人民民主，必须加强法制，必须使民主制度化、法律化。在此基础上，他进而提出"有法可依，有法必依，执法必严，违法必究"十六字方针，奠定了社会主义法治建设的前提

---

① 这里邓小平同志虽然还是用的"法制"，但其实质表述，已初步具备了"法治"的核心要义。

和基础。不仅如此，他还指出：要正确处理党的领导和法制的关系。一方面，社会主义法制建设要在党的领导下进行；另一方面，党必须在宪法和法律的范围内活动。一切党组织和全体党员的一切活动都必须以遵循宪法和法律为根本活动准备，而不能和宪法和法律相抵触，都必须模范地遵守宪法和法律，维护其尊严，保证其实施。他强调党不要干预法律范围内的问题，全党同志要学会运用法律，党的政策不要同法律相抵触，各级党组织和全体党员要严格地遵守法律，严格执行党纪，反对党内特权。① 同时，还特别指出："为了保障人民民主，必须加强法制。必须使民主制度化、法律化，使这种制度和法律不因领导人的改变而改变，不因领导人的看法和注意力的改变而改变。"②在此基础上，1997 年，江泽民同志在党的十五大上明确提出了"依法治国，建设社会主义法治国家"的治国基本方略和奋斗目标，并对依法治国的科学含义、重大意义和战略地位作了全面阐述。③

党的十六大以来，以胡锦涛同志为总书记的党中央继续推进民主法治建设，社会主义民主政治进一步制度化、规范化、程序化。此后，党的十七大报告再次深刻指出：人民民主是社会主义的生命。发展社会主义民主政治是我们党始终不渝的奋斗目标。④ 在改革开放后党的历代领导集体带领全国人民共同努力奋斗下，2008 年，时任全国人大常委会委员长吴邦国同志在工作报告中宣布，中国特色社会主义法律体系已经基本形成。即中国形成了以宪法为核心，以法律为主干，包括行政法规、地方性法规等在内的三个法律层次、七个法律部门的法律体系。国家经济、政治、文化、社会生活的各个方面基本做到了有法可依，为依法治国，建设社会主义法治国家，实现国家长治久安提供了有力保障。

在某种意义上，改革开放以来中国重新走上依法治国的道路，在法理上也是同法治精神的题中之义相互契合的。前已述及，何谓法治，何谓人治，其判断的

---

① 参见田忠宝：《学习邓小平法治思想，全面推进依法治国》，载《中国共产党新闻网》2014 年 9 月 28 日。

② 《邓小平文选》(第 2 卷)，人民出版社 1994 年版，第 146 页，转引自《法理学》，人民出版社、高等教育出版社 2010 年版，第 20 页。

③ 《邓小平文选》(第 2 卷)，人民出版社 1994 年版，第 146 页，转引自《法理学》，人民出版社、高等教育出版社 2010 年版，第 20 页。

④ 《邓小平文选》(第 2 卷)，人民出版社 1994 年版，第 146 页，转引自《法理学》，人民出版社、高等教育出版社 2010 年版，第 20 页。

基本依据便是权力意志和法律规定，两者之间谁服从谁的问题。在这一点上，改革开放的总设计师邓小平同志正是敏锐地抓住了这一核心关键，所以才会提出"制度和法律不因领导人的改变而改变，不因领导人的看法和注意力的改变而改变"这一重要论断。同时，还尤其针对中国特色权力意志的集合载体——党同法律之间的关系，从法治的框架内进行了深入阐述，即该如何处理党的政策同法律之间，党员行为同群众行为之间的同一性、同构性问题等，从而奠定了建设中国特色社会主义法治的基础和底色。而此一点，对于中国这样一个拥有几千年人治传统的国家而言，则更是具有极其重要的开创性、转折性意义。盖因中华人民共和国成立前从古代到近代的历届政权，皆未能从根本上解决用法律来对统治者自身进行约束和控制的技术性问题。权力意志的任性恣意、率性而为是一种常态。因此，这不啻为作为中国无产阶级先锋队的中国共产党人，在团结和带领全国各族人民进行社会主义现代化建设过程中，其自身所固有的自我革命精神在法治建设领域的发挥和创举。

循此理路，党的十五大提出要依照体现人民意志和社会发展规律的法律治理国家，而不是依照个人意志、主张治理国家；要求国家的政治、经济运作、社会各方面的活动通通依照法律进行，而不受任何个人意志的干预、阻碍和破坏。党的十六大提出要把党的领导、人民当家作主和依法治国统一起来，不断提高依法执政的能力。直至党的十七大提出发展人民民主、社会主义民主政治。终把表层意义上的"权大—法大"的法治要求，进一步推进到"权力—权利"关系的深层领域。即前文所述之，权力意志和法律规定之间的关系问题，其实质也体现了权力意志和法律规定背后(或曰之作为其来源)之人民意志的关系问题。

那么，究竟该如何将国家的政治、经济、社会各方面均事实上纳入法治的轨道中，便成为依法治国过程中亟待解决的一个关键性问题。对此，需要指出的是，仅将权力意志及其地位用法律予以确认，仍是不够的。以晚清宪政改革为例，近代中国第一部宪法性文件《钦定宪法大纲》开篇在"君上大权"中即规定："大清皇帝统治大清帝国，万世一系，永永尊戴""君上神圣尊严，不可侵犯。"[①]并在此基础上，赋予了皇帝包括但不限于立法权、控制议院权、官制权、军事

---

① 周叶中、江国华：《博弈和妥协——晚清预备立宪评论》，武汉大学出版社 2010 年版，第 525 页。

权、对外权、戒严权、赏赐恩赦权、司法权、命令权、诏令权、财政权等在内的总揽性权力。①

换言之，仅从法律文本来看，改革背景下的皇权内涵外延，实质和改革以前的皇权范围并无二致。② 所不同的是，只是通过一个外部形式将原有权力的法律地位予以确认而已。显然，这是和法治的题中之义完全背离的。其理由在于，其并未真正体现出"权利约束权力"的基本精神。故而，便徒留其装饰价值了。与此同理，国民党北伐成功后所颁布的第一部宪法性文件《中华民国训政时期约法》，也带有类似的特征，该法第三十条规定："训政时期由中国国民党全国代表大会代表国民大会行使中央统治权。中国国民党全国代表大会闭会时，其职权有中国国民党中央执行委员会行使之。"③至于说这一中央统治权该如何行使，其权力的边界和范围又在哪里，则并无涉及。由此，则为蒋介石后来厉行个人独裁打开了不二方便法门。

由此可见，判断一种治理状态究竟是不是法治，其关键不在于是否存在法律文本这一表层因素，而在于法律文本是否真正对于权力意志进行了限制和约束。否则，法律本身即流于为权力摇旗呐喊、涂脂抹粉的工具性色彩了。那么，从技术来看，法律究竟该如何才能对权力进行有效的控制，才能更好地"将权力关进制度的笼子里"？无他，唯其落实"责任制"而已。所谓"责任制"，即指对于权力的执掌者、行使者而言，除了对其进行向度、范围的限定外，最重要的是，须配以责任机制，对其如若违反该向度、范围情况下，该承担怎样的不利法律后果，予以明确规定。只有如此，才可对权力行使者潜在的"任性倾向"予以刚性的、有效的限制。

否则，就法理而言，即便针对法律关系主体配置了相关义务。但是，对于该义务却未能设定基于违反第一性义务基础上的第二性义务，即其应承担的法律责

---

① 参见周叶中、江国华：《博弈和妥协——晚清预备立宪评论》，武汉大学出版社2010年版，第525~526页。

② 但需指出的是，《钦定宪法大纲》毕竟还是赋予了"臣民的权利"，体现了一定的时代进步性。

③ 周叶中、江国华：《从工具选择到价值认同——民国立宪评论》，武汉大学出版社2010年版，第358~359页。

任。那么，该主体应履行的义务本身，也会流于镜中花、水中月了。① 在此意义上，如何实现法治，首先是一个技术性问题。即是否在至少立法阶段，真正将"权利（权力）—义务—责任"的三位一体、相互闭环的基本架构，充分予以贯彻实施落地。否则，缺失了其中哪个环节，法治链条都有可能被阻断，而流于人治的渊薮。当然，在这一逻辑闭环外，法律赋予权利（权力）的来源，以及权力本身自觉自愿"谦抑地"被驯服于法律之下，是支撑这一闭环结构的车之双轮、鸟之两翼。

此外，除了在顶层设计领域筑牢依法治国的"制度之笼"外，在社会公众领域还要采取有效措施，不断加强夯实法治信仰的心理基础。显而易见，如果只有制定规则，而缺乏对于规则本身真诚的信仰，人们都对其视若无睹，那么再完美、完备的规则，恐怕也很难真正落到实处，发挥出其应有的功能和价值。在这一点上，本书多次谈到的《道路交通安全法》实施例子，便明白无误地表现了这一点。现实中，行人在人行横道前违反法律法规，闯红灯的现象较常见，即便是作为机动车，在行驶过程中的种种包括但不限于随意并线、加塞、不打转向灯、不礼让行人等在内的不文明、不合法行为，亦为常态。从中可以看到，部分国人在公共场合、公共空间中的规则意识，尤其是在关乎人与人相互彼此之间行为的尺度和边界领域，法治观念仍有较大的提升空间。毕竟，法律恰恰就是这种尺度、边界的权利表达而已。

八、新时代全面推进依法治国

党的十八大以来，中国进入了全面推进依法治国的新时代。在新时代，以习近平同志为核心的党中央新一代领导集体，继续以中国共产党人的大公无私情怀、自我革命精神为指引，将依法治国不断向纵深推进。

2014 年 10 月，中国共产党十八届四中全会作出了《中共中央关于全面推进依法治国若干重要问题的决定》（下称《决定》），《决定》开宗明义即再次强调：

---

① 例如，《中华人民共和国道路交通安全法》为机动车驾驶员、行人等主体皆设定了种种义务，但行人，包括两轮电动车驾驶人因为违反相关义务的法律责任承担，在技术可操作性上远逊于机动车驾驶员，从而导致其违法成本总体较低。因此在现实中，该两类主体违法行为可谓是此起彼伏、层出不穷。

"依法治国，是坚持和发展中国特色社会主义的本质要求和重要保障，是实现国家治理体系和治理能力现代化的必然要求，事关我们党执政兴国，事关人民幸福安康，事关党和国家长治久安。"①同时，鉴于法治的关键，在于对权力的约束，而在社会主义法治现代化进程中，还在一定范围内存在有"有法不依，执法不严，违法不究现象比较严重，执法体制权责脱节、多头执法、选择性执法现象仍然存在，执法司法不规范、不严格、不透明、不文明现象较为突出，群众对执法司法不公和腐败问题反映强烈……一些国家工作人员特别是领导干部依法办事观念不强、能力不足、知法犯法、以言代法、以权代法、徇私枉法现象依然存在"②等，一系列权力缺乏有效监督制约的滥用情况。因此，特别指出要在"坚持中国共产党的领导，坚持人民主体地位，坚持法律面前人人平等，坚持依法治国和以德治国相结合，坚持从中国实际出发"③的原则下，着力在"完善以宪法为核心的中国特色社会主义法律体系，加强宪法实施；深入推进依法行政，加快建设法治政府；保证公正司法，提高司法公信力"④等几个方面，进一步落实依法治国的基本精神和核心要义。一言以蔽之，即通过科学化、民主化、制度化、规范化的手段和方式，来加强对于包括但不限于立法权、行政权、司法权在内的各类国家权力的规范行使的监督力度，是法治国家建设的关键之所在。

党的十九大召开后，党中央组建中央全面依法治国委员会，从全局和战略高度对全面依法治国又作出了一系列重大决策部署，推动我国社会主义法治建设发

① 《中共中央关于全面推进依法治国若干重大问题的决定》，载中华人民共和国中央人民政府官网，https：//www.gov.cn/zhengce/2014-10/28/content_2771946.htm，2023年5月10日访问。

② 《中共中央关于全面推进依法治国若干重大问题的决定》，载中华人民共和国中央人民政府官网，https：//www.gov.cn/zhengce/2014-10/28/content_2771946.htm，2023年5月10日访问。

③ 《中共中央关于全面推进依法治国若干重大问题的决定》，载中华人民共和国中央人民政府官网，https：//www.gov.cn/zhengce/2014-10/28/content_2771946.htm，2023年5月10日访问。

④ 《中共中央关于全面推进依法治国若干重大问题的决定》，载中华人民共和国中央人民政府官网，https：//www.gov.cn/zhengce/2014-10/28/content_2771946.htm，2023年5月10日访问。

生历史性变化，取得历史性成就。① 这一变化和成就，一方面，体现在党内继续坚持依法全面从严治党，不断完善党内法规体系建设。即"坚持依法治国和依规治党有机统一"，并将之确立为"坚持全面依法治国"这一中国特色社会主义新时代基本方略的重要内容。② 另一方面，反映在党外为进一步加强对于所有行使公权力主体公职人员的法律监督，于2018年3月制定颁布了《国家监察法》，将包括但不限于在各级党政机关、授权组织、国有企业、事业单位、基层组织中行使之公权力，一体关进"法治笼中"。此外，在党的执政过程中，还要"坚持在法治轨道上推进国家治理体系和治理能力现代化"③。欲达此目的，则需"坚持依法治国、依法执政、依法行政共同推进，法治国家、法治政府、法治社会一体建设"④。习近平总书记指出，"推进全面依法治国，法治政府建设是重点任务和主体工程，对法治国家、法治社会建设具有示范带动作用，要率先突破"⑤。要之，关键在贯彻依法行政法治观念，使政府作出的每一行政决策均能在合法性、合理性方面符合法治国家的题中应有之义，即："要用法治给行政权力定规矩、划界限，规范行政决策程序，健全政府守信践诺机制，提高依法行政水平。"⑥

2022年10月，中国共产党第二十次全国代表大会胜利召开。在党的二十大报告中，习近平总书记在面临的新的历史征程、使命关头，提出了"中国式现代化"的奋斗目标。并在此基础上，进一步从"完善以宪法为核心的中国特色社会主义法律体系，扎实推进依法行政，严格公正司法，加快建设法治社会"⑦等四

---

① 《以科学理论为指导，为全面建设社会主义现代化国家提供有力法治保障》，载《习近平谈治国理政》(第四卷)，外文出版社2022年版，第286页。

② 《习近平法治思想概论》，高等教育出版社2021年版，第317页。

③ 《以科学理论为指导，为全面建设社会主义现代化国家提供有力法治保障》，载《习近平谈治国理政》(第四卷)，外文出版社2022年版，第292页。

④ 《以科学理论为指导，为全面建设社会主义现代化国家提供有力法治保障》，载《习近平谈治国理政》(第四卷)，外文出版社2022年版，第293页。

⑤ 《以科学理论为指导，为全面建设社会主义现代化国家提供有力法治保障》，载《习近平谈治国理政》(第四卷)，外文出版社2022年版，第294页。

⑥ 《以科学理论为指导，为全面建设社会主义现代化国家提供有力法治保障》，载《习近平谈治国理政》(第四卷)，外文出版社2022年版，第294页。

⑦ 《高举中国特色社会主义伟大旗帜，为全面建设社会主义现代化国家而团结奋斗》，载中华人民共和国中央人民政府官网，https：//www.gov.cn/xinwen/2022-10/25/content_5721685.htm，2023年4月17日访问。

个维度，对新形势下依法治国提出了新的要求。毕竟，中国式现代化，离不开制度的现代化；而制度的现代化，归根结底是为了保障作为国家基础的每个国民，能够过上一种有尊严的生活。正如习近平总书记在 2021 年 5 月全球健康峰会上所言，"切实尊重每个人的生命价值和尊严……是党和政府实实在在践行全心全意为人民服务的具体表现"。而从人类政治文明演进一般规律来看，唯有法治，方能在根本上保障每个个体在共同体中免受尊严最大可能之威胁——公权力的不当滋扰和侵袭。我们相信，在中国共产党的坚强领导和全国各族人民、社会各界人士的共同努力下，中国特色社会主义法治事业，必将会随着中国式现代化的进程而逐步实现，屹立于世界的东方，从而为人类政治法律文明不断向前发展，贡献出自己的一份力量。

附　录
大学本科法理学课程案例教学模式
之探索与思考

余　超

提要： 该如何在大一阶段的法理学课程教学中有效嵌入案例，提升教学实效，是一个于实践中仍在不断探索中的恒久性课题。考虑到大一新生的种种特点，一方面，在必要性上，通过开展案例教学、鼓励案例讨论来奠定他们日后法律理论实践能力日臻完善的基础。另一方面，在可行性上，该如何选取案例以及开展案例讨论，则是教师在教学过程中需要予以斟酌和把握的关键。为在一定程度上回应解决该问题，本文主要通过教学案例选择、教学过程组织从两个方面切入，并结合教学本身的感悟体会，试图为其提供一个可供参考借鉴的多元化之面向资源。

关键词： 法理学案例教学；案例选择；主体间性；平等；智慧

一、引　言

从应然角度来看，众所周知，法学是一门应用性、技术性色彩颇浓厚的社会科学。诚如美国联邦大法官霍姆斯所言，法律的生命，即在于实践。一方面，法学教育、法律实务皆以应对、解决现实生活中的具体法律问题为其终极目的。另一方面，现实生活中的各种变量、鲜活案例又为法学教育目的之达成、法律实务技能之提升反向供给了丰富素材、有益养分。因之，在整个法学教育过程中借助案例资源实现其教学目标，则成为了包括但不限于英美法系、大陆法系等在内的各个国家、地区法律从业者们、法律教育者们的普遍一致之共识。在此意义上，作为法学人才培养方案中的核心理论课程法理学亦是不能免俗、概莫能外的。同时也是，在法学专业、法律教育中这一普世性规律在逻辑上、现实中自然演绎生成的结果。再加之，法理学知识自身所固有的抽象性、思辨性特点，更亟待借助具体案例的嵌入、映照，启发初习者的联想、思考，从而帮助他们管窥其堂奥要义，把握其核心精髓，并为其在将来学习部门法、从事法律职业及其他工作，打下良好基础。

从实然角度来看，当下中国内地法理学案例教学的理论研究、具体实践之现况，同前述理想状态仍然存有一定距离。这主要体现在以下几个方面：其一，在本科教材编写上，本身就存有较明显的"注重抽象理论灌输，欠缺案例嵌入内容"的基本倾向。无论是最早的高等教育出版社出版的《法理学》（即俗称为"红皮书"），还是法律出版社出版的《法理学》（即俗称为"黄皮书"），抑或法律出版社出版的《法理学初阶》，直到"马工程"版《法理学》，皆未能跳脱出此固有之窠臼。其二，在案例教学辅助教材上，可供教学选取的案例教学专属参考书目，总体也是较稀缺。根据笔者查询结果，依据出版时间顺序，依次为《法理学原理与案例教程》（中国人民大学出版社 2022 年版）、《法理学案例研究指导》（中国政法大学出版社 2020 年版）、《法理学案例百选》（高等教育出版社 2022 年版）三种。这与学界汗牛充栋、不一而足的各类法理学教材类型、数量，几乎形成了鲜明的对比。其三，在教研成果上，专门针对法理学案例教学的研究成果，总体也是较有限。经查阅中国知网，该领域相关文献从 2000 年到 2020 年，仅有 48 篇，平均每年不到 3 篇，期刊层次较有限。由此可见，针对法理学教学过程中的案例嵌入研究问题，一直以来并没有受到业界的广泛重视。以笔者经验所感，多数老师在教学过程中，仍然遵循传统的"讲授为主，单纯灌输"的单向、被动方式进行，较少有意识地通过案例导入、讨论，来调动、启发学生的主动性、积极性与创造性。这一点，在本科层次的法理学教学过程中，表现得尤其明显。

有鉴于此，本教研项目（下称项目）特针对大学本科一年级的法理学教学过程中，该如何开展案例教学工作，进行探讨、探索，以期为该领域的教学研究贡献出一份力量。概括而言，法学专业大一学生具有这样几个特点，尤其需要在进行案例教学时特别予以注意：其一，从年龄阶段上看，大一新生正处于从少年时期向青年时期的过渡阶段，身心发育尚未成熟。同时，亦因客观环境的制约，也较缺乏社会实践的机会。这就导致其人生阅历及知识储备，总体来说较有限。这对于相对深度、深刻地理解法律实务相关案例，就带来了相当的困难。尤其是，他们在不具备任何部门法知识的情况下，如何将案例的基本精神、核心要义吃深、悟透，尤需在案例选取时费一番思量。其二，对于案例选取后，在对其进行加工思考时，如何运用抽象性、思辨性思维方式来予以提炼、归纳和总结，这对于惯常以直观化、形象化、感性化思维方式去认知的中国人自身，也构成了一种文化上的挑战。① 因此，本文主要着力于从两个方面来进一步提升其可接受性与可操作性，一个是案例的选择问题，一个是案例的解读问题。

二、案 例 选 取

如前所述，该如何进行有效案例的选取是教学目的得以达成的先决性条件。这里，教学首先注重考虑的是案例本身的通俗性、易懂性和可感性。换言之，所选案例应是初学者②身边常见的、同其日常生活的经验，以及过往知识积累具有较强的相关性。概括而言，这些案例主要有：

第一讲：什么是法理学。在讲授关于法律自身的规则性时，援引了从宇宙法则到自然界，再到人类社会的三个不同阶段的案例，引发学生对于"规则"客观规律性、存在普遍性的思考。同时，在讲授关于法理学研究对象是关于法律现象的"背后之理"时，继而援引了现实生活中行人过马路的场景，引发学生对于尊重规则、敬畏规则，法治意识、法治信仰的思考。此外，在讲授不同法律文化在吸收、借鉴外来文化的态度差异时，还借助了现行法理学概念创始人穗积沉重同近代中国著名口岸派知识分子梁启超的相关思想之对比，用以说明这种文化差异的无处不在性。

第二讲：什么是马克思主义法理学。在讲授马克思主义法哲学基本原理中关于社会历史不断发展变化的纵向流变论、转瞬即逝论时，援引了中国古代"刻舟求剑"的成语典故，用以说明故步自封、缘木求鱼的主观片面性、违背真理性。

---

① 当然，这种文化上的挑战就不仅是针对大一阶段的法学新生了。

② 这里的初学者，实际是指没有任何法律专业背景者。在此意义上，案例选取的总体原则带有一定的普法性色彩。

第三讲：法的概念和本质。在讲授究竟何谓"阶级"时，援引了现行某君主制国家政治制度及其实践的例子，用以帮助学生"刺破阶级的面纱"，进而说明阶级的本质是一个国家中掌握了核心生产资料、主要资源的人或执政集团。

第四讲：法的特征。在讲授法是调整社会关系中人的行为时，援引了好莱坞电影《荒岛余生》中，一个孤立的人在一个孤立的岛屿中努力求生存的例子，用以说明在这种特殊情况下，个体所做的任何行为因其不具有社会化效果，故而无法成为法律所调整的对象。

第五讲：法的要素。在讲授法律概念是人们对法律现象进行理性思考、抽象概括所形成的范畴表达之实体时，援引了好莱坞电影《黑客帝国》①的例子，用以说明概念作为知识体系的基本构成单元，所具有的主观性、建构性与虚拟性的特点。同时，进一步讨论了在因由概念所创设的世界中，人眼所见是否为真的命题，以及自由意志是否存在等相关问题。用以启发学生去深度思考究竟是否存在真正的自由意志，以及说明人类意志的依附性、有限性等问题。

第六讲：法的渊源和效力。在讲授法的非正式渊源，即惯例时，援引了中国特色政治生活中的一些具体做法，如中央政治局常委的数量，党的换届会议与人大、政协换届会议彼此之间的先后顺序、相互关系，用以说明惯例在人类政治共同体中以怎样的方式存在，以及是如何发挥作用的。关于法的效力，在讲授法在中国境外，针对中国公民受外国人不法侵害的有条件适用，即保护原则的实效性时，援引了"章某颖在美被害案"，用以说明该法律规则可能适用的具体条件，以及实际适用的不可行性。

第七讲：法律关系。在讲授法律关系内容，即权利与义务相互彼此之间的具体关系时，援引了宏观层面宇宙生命产生之条件，中观层面人际交往长久之条件，微观层面身心健康维系之条件，用以说明保持平衡之道在科学探索、社会交往与个体存在等各个方面的极端重要性。

第八讲：法律行为。在讲授法律行为中的事实行为时，援引了现实中帮他人

---

① 在该电影中，主人公起初以为自己是生活在真实的世界里。但其实这个世界只是电脑所设计的程序，换言之，程序本身只是电脑所建构出来的一系列之概念的总和。实际中，人类是生活在由电脑所统治的世界中，肉体浸泡于容器之中，大脑连接于主机。人们自以为看到的"真实世界"，只是电脑通过主机与人脑相连后，将已设定的程序输入人脑，进而在神经系统中所反馈的幻象而已。

照看暂时走失的宠物，由此产生无因管理之债的例子，用以说明该债务的产生，同无因管理行为的初衷之意思表示之间，没有必然的、直接的因果关系。

第九讲：法律责任。在讲授法律责任构成要件中的因果关系时，援引了现实中可能存在的因由辱骂行为，导致精神刺激，引发精神失常，发生赔偿责任的种种情形，用以说明具体法律责任之是否承担、承担大小，同因果关系本身的直接或间接具有正相关性。

第十讲：法的作用和价值。在讲授法的局限性时，援引了现实司法实践中仍然存在的"同案不同判"现象，用以说明法律实施效果总是会受司法人员综合素质的影响之客观规律。

第十一讲：法的实施。在讲授立法的科学性原则时，援引了美国、苏联所颁禁酒皆最终沦为一纸空文的例子，用以说明立法要尊重科学规律，尤其需要正视根植于人性之中的固有需求，而不能脱离实际情况而率性而为。否则，则会收到立法者所期望的反效果。

第十二讲：法律方法。在讲授法律解释中的历史解释、目的解释时，援引了美国 1885 年国会《禁止通过契约输入外国移民法》案例，用以说明法院裁判时往往需要从立法本身的历史背景及其原因作出解释后，方能成为获取法律正当性的根本依据。

第十三讲：法律职业。在讲授新时代全面依法治国对于法律职业的新要求时，援引了当下行政机关行政执法等岗位在招考条件上的新设置，即要求报考者通过国家法律职业资格考试，用以说明依法行政、法治政府建设正向纵深持续发展。

第十四讲：法的起源与发展。在讲授中国法律现代化的特征时，援引了现实中以儿童给父母下跪这种带有极强表演性质的所谓弘扬传统文化方法，引发学生对于此类行为的合理性，以及在法律现代化过程中，究竟该如何妥善处理传统法律文化与现代法律文化之间关系的系列思考。

第十五讲：法律文化。在讲授法律文化中的正当理由作为一种恒变又恒定的深层次决定因素，是如何支配表层结构的法律文本表达时，援引了中国式汽车限购案例，用以说明深层结构的一元权威惯性是如何通过中层结构的法律短板设计，在权力的缝隙中游走，由此支配表层结构的立法种类被忽略，进而导致法律救济不能。

第十六讲：依法治国。在讲授法治与人治关系时，援引卡内基《人性的弱点》中的部分观点，用以说明为何我们要将权力关进制度的笼子里的深刻人性原因。

三、案 例 讨 论

在案例讨论环节中，针对每一所选案例，根据"翻转课堂"基本要求，为更好地调动学生在教学过程中的积极性、主动性与创造性，通常采取以下模式设计：

首先，针对案例，归纳争议焦点，围绕该焦点，让学生上台发言。

其次，针对学生发言，让其他同学提出问题或者质疑。

再次，针对发言及质疑，教师进行点评或者回应。

最后，由教师进行总结。

需要指出的是，考虑到大一学生既有特点，在案例教学模式中，应当予以注意的问题有：

第一，在案例选择上，再次强调尽量考虑选取那些通俗性、趣味性、易感性较强的案例，尽量避免选取那些专业性、技术性、壁垒性较强的案例，以增强学生教学过程中讨论的兴趣性、可感性、可行性。

第二，在教学开始上，根据"苏格拉底教学法"①，借鉴法律论证中常见的"主体间性，去中心化"基本方式，在教师的正面引导前提下，鼓励学生积极大胆地发表自己的观点、看法。一方面，锻炼了他们公众演讲的胆量；另一方面，提升了他们的临场语言组织能力、表达能力。

第三，在讨论过程中，注重鼓励学生彼此相互之间通过互动交流、质询交锋，进一步发掘、提升他们的辩论能力、主持能力与临场应变能力。同时，在不预设标准答案、先定结论的前提下，还可进一步发掘、提升他们的独立思考能力、独立探索能力。而所有这些能力的发现和培养，对于法学专业学生将来从事法律实务工作，都是十分重要的。

---

① 所谓苏格拉底教学法，是古希腊哲学家苏格拉底在教学中所使用的，以鼓励讨论，并在讨论中获取知识与真理的一种去权威化的教学模式和方法。

第四，在讨论结尾时，由教师围绕争议焦点，进行归纳总结。这是在整个案例教学讨论中，十分重要的一步。其原因在于，鉴于学生思维训练、专业训练的缺乏，仅有讨论的热情与积极的参与，也未必真能收到从教学角度出发所希望达到的效果。① 法学教育毕竟是要落脚于专业能力的提升上的，因此，授课教师对于整个讨论过程的积极有效引导，就显得十分重要。实践中，这总是通过前文所谈及的设定争议焦点来实现的。换言之，无论是非专业问题的泛泛而谈，还是专业问题的聚讼争论，皆须确认并围绕一个明确的争议焦点来进行。否则，讨论本身就会流于几无边际的聊天漫谈，而失去了专业能力训练应有的标准性、严肃性与效率性。同时，在讨论过程中，教师也会根据学生的具体观点，进行一定的商讨式追问。

四、教 学 效 果

为更好地了解本案例教学模式的教学实效，获取第一手反馈资料。笔者主要通过向学生发放调查问卷并回收的方式，来获取相关一线信息。总体而言，大多学生对于这种案例教学、相互讨论的教学方法是予以积极肯定的，也乐于参与其中。毕竟，对于绝大多数中国学生而言，从小学到初中，再到高中的受教育过程中，囿于传统应试教育模式中标准答案本位主义的基本特点，无论是学校，还是家庭，都不太注重培养学生在学习过程中的思辨能力与独立思考的精神。② 而对口头表达能力，尤其是当众演讲能力的重视和锻炼，则更是少之又少。因此，多数同学是在人生经历中，第一次获得上台发表公开演说并接受广泛质询的难得体验。对此，大家都备感新奇且乐在其中。自身的这方面潜能，无论是已经意识到或没有完全意识到，都能借此获得一个充分开发的机会，这也是本教学模式设计

---

① 一个典型证据，就是笔者曾对比过带过的两个班，其中一个班参与讨论十分积极，课堂表面教学效果良好，但是期末考试成绩却明显低于另一个看似较沉闷，不太积极参与讨论的班级。作为初次尝试案例教学的首批对比，该结果不仅出乎意料，同时也给人带来了很多思考和启示。

② 中国大多数家长在传统文化的熏陶影响下可能也认为，自古以来中国人就强调在为人处世过程中的"少言""慎言"，以免"祸从口出"。这种文化指令，对于抑制学生在成长过程中的表达能力起到重要的推波助澜之作用。

的一个首要和基本的价值效果所在。

表达的方式是一个方面，表达的内容也是重要的另一方面。除了鼓励学生在课堂上勇于表达以外，善于表达也是能力训练过程中的重要一环。这就需要在授课过程中，通过老师的主动、积极引导来实现。如前所述，这主要是通过对于争点的提炼、归纳来实现的。例如，本课一开始讨论的案例，就是现实中的"中国式过马路"场景。教师首先会放上一张现实中抓拍的，在红绿灯路口行人违反交通法规闯红灯的图片，引发学生根据各自生活经验导出的联想，进而去思考为何他们会闯红灯，行为背后的文化作用机理又是什么。同时，讨论议题还延伸至将机动车违章概率同行人违章概率之比较，由此引发对于有效法律强制力之于保障法律实施效果等方面的思考。所有这些问题，参与讨论的学生在一开始是缺乏这种凝练意识的，大多仅会以一种"看图说话"式的就事论事方式去进行。这就尤其需要教师在讨论过程中，根据讨论的情况不断做出提示，适当应用引导语，如：你们觉得这个场景背后，反映出了一个什么样的问题？这个问题和我们的历史文化传统、现实客观国情具有一个什么样的关系？在当下及未来的新时代全面依法治国过程中，又该采取怎样的方式、手段去解决这些问题？等等。

总体而言，经过这样一个模式化、结构化、反复化的个案讨论之过程，既启发了学生的法律思维运用能力，也锻炼了学生的逻辑思辨、口头表达等综合能力，夯实了他们学习法学专业的信心，并在一定程度上，还加深了师生之间的情感联结，收到了良好的教学效果。

五、结语思考

教育是一件神圣之事，教师是一个神圣职业。作为"人类灵魂的工程师"，如何在大一新生阶段充分贯彻习近平总书记关于人民教师在教学过程中，贯彻落实习近平总书记关于帮助他们"扣好人生第一颗扣子"的基本要求，作为法学专业课程体系中"基础的基础"，法理学教学日益凸显其特别重要的地位与作用。盖因其这颗扣子是否扣得好、扣得正，不仅关乎他们的人生观、世界观、价值观树立的问题，同时也关乎他们的法学专业功底之理论基础，是否打得好、打得牢的问题。而这一切的前提，便是要鼓励学生愿意去、能够去积极主动地参与其中。在这一点上，前文所谈及的苏格拉底式教学法，即是一个很好的借鉴参考范例。

此外，当代印度哲学家克里希那穆提也曾说过，在一个好的教育过程中，教师所要扮演的不是一个所谓的权威角色，去居高临下地对学生进行所谓"训导"。因为一旦如此，教育本身就成为了一种福柯笔下指称的单纯权力关系、权威关系的建构。那么伴随这种权威关系而来的，就是教师本人会不可避免地将个人的某些定见、成见，通过强制方式单方面灌输给学生。① 盖因其这种强压方式，常会导致受教育者的压抑与恐惧。而在一种压抑和恐惧的氛围中，从心灵自由到智慧之树皆是很难真正开花结果的。② 正确的教育，是找出截然不同的生活之道，使我们的心从局限中解放。③ 德国哲学家叔本华也曾表达过类似观点，即好的教育不是把某些先验性的定见，人为地塞进被教育者的大脑。而是需要鼓励引导他们，通过自己的思考去探索真理、发现真理。④ 笔者认为，这是无论在法理学的教学，还是在其他任何课程教学过程中，作为教育者而言都应当予以尽量避免的。即要尽量创建一个相对平等的小环境，去引领、启发学生们自己感受、发现学习的兴趣。

在此意义上，适时、恰当地运用案例教学、讨论教学模式方法，本身就是增进知识、启迪智慧这一根本教育目的中的重要一环——重要的不是讨论的具体结果，而是思考过程本身。尽管这种案例教学模式，很难用一个具象化的、指标化的评估体系去衡量。但是，它却又是"无时不在又无处不在的"。这种"无处不在"体现在主体间性的热烈气氛中，反映在眼神有光的求知若渴中，徜徉于思辨海洋的真理追寻中，回响于师生之间的情感联结中。这或许是在实施项目过程中，给教师本人所带来的一种更深层次、更重要的心灵之体悟与灵魂之升华。同时，也是从事法理学课程教学工作以来，给人带来的最大满足和意义所在。

---

① 在中国现行小学阶段、中学阶段教育中，总难避免这种威权化、专断化的传统教育方式之底色。

② 正因为此，克氏自己在教学时，常以"我们"取代"我"，希望祛除自我的偏执感，增强师生的一体感。所以，他从不以老师身份自居，而仅是强调，他只是众人的朋友。

③ [印]克里希那穆提著：《爱的觉醒》，胡茵梦译，深圳报业集团出版社2006年版，第17页。

④ 参见[德]叔本华著：《叔本华思想随笔》，韦启昌译，上海人民出版社2008年版，第1~2页。

参 考 文 献

[1]《左传·昭公六年》。

[2]《管子·禁藏》。

[3]《论语》。

[4](明)洪应明：《菜根谭》，杨春俏译注，中华书局 2016 年版。

[5](明)黄宗羲：《明夷待访录》，段志强译注，中华书局 2011 年版。

[6]《毛泽东选集》(第四卷)，人民出版社 1991 年版。

[7]《毛泽东选集》(第一卷)，人民出版社 1991 年版。

[8]《毛泽东选集》(第二卷)，人民出版社 1991 年版。

[9]《习近平谈治国理政》(第四卷)，外文出版社 2022 年版。

[10]《习近平法治思想概论》，高等教育出版社 2021 年版。

[11][以色列]尤瓦尔·赫拉利：《人类简史：从动物到上帝》，林俊宏译，中信出版社 2014 年版。

[12][美]E·博登海默：《法理学法律哲学和法律方法》，邓正来译，中国政法大学出版社 2004 年版。

[13][德]叔本华：《人生的智慧》，韦启昌译，上海人民出版社 2008 年版。

[14][瑞士]皮亚杰：《结构主义》，商务印书馆 1984 年版。

[15][法]古斯塔夫·勒庞：《乌合之众》，冯克利译，中央编译出版社 2005 年版。

[16][印]克里希那穆提：《爱的觉醒》，胡茵梦译，深圳报业集团出版社 2006 年版。

[17][德]叔本华：《叔本华思想随笔》，韦启昌译，上海人民出版社 2008 年版。

[18]张文显：《法理学》(第五版)，高等教育出版社 2018 年版。

[19]杨仁寿：《法学方法论》，中国政法大学出版社 2013 年版。

[20]陈晓枫、柳正权：《中国法制史》(上册)，武汉大学出版社 2012 年版。

[21]范忠信：《中国法律传统的基本精神》，山东人民出版社 2001 年版。

[22]付子堂：《法理学初阶》，法律出版社 2015 年版。

[23]赵林：《基督教和西方文化》，商务印书馆 2013 年版。

[24]陈晓枫：《中国法律文化研究》，河南人民出版社 1993 年版。

[25]付子堂：《法理学进阶》，法律出版社 2016 年版。

[26]赵林：《西方哲学史讲演录》，上海三联书店 2021 年版。

[27]孙国华、朱景文：《法理学》(第五版)，人民大学出版社 2021 年版。

[28]陈晓枫：《中国宪法文化研究》，武汉大学出版社 2014 年版。

[29]王立民：《上海法制史》，上海人民出版社 1998 年版。

[30]王浦劬：《政治学基础》(第二版)，北京大学出版社 2006 年版。

[31]程乃胜：《基督教文化和近代西方宪政理念》，法律出版社 2007 年版。

[32]周叶中、江国华：《博弈和妥协——晚清预备立宪评论》，武汉大学出版社
    2010 年版。

[33]周叶中、江国华：《从工具选择到价值认同——民国立宪评论》，武汉大学
    出版社 2010 年版。

[34]《法理学》，人民出版社、高等教育出版社 2010 年版。

[35]余超、杨丽娟：《综合行政执法权下沉改革：成效、困境和对策——以武汉
    经济技术开发区(汉南区)为调研对象》，载《江汉学术》2023 年第 4 期。

[36]陈晓枫、余超：《论"中国式"汽车限购的合法化治理》，载《江苏行政学院学
    报》2015 年第 5 期。

[37]余超：《论民国前期艺术表达权利制度的文化禁忌》，载《中西法律传统》
    2022 年第 4 期。

[38]田忠宝：《学习邓小平法治思想，全面推进依法治国》，载《中国共产党新闻
    网》2014 年 9 月 28 日。

[39]《中共中央关于全面推进依法治国若干重大问题的决定》，载中华人民共和
    国中央人民政府官网：https：//www. gov. cn/zhengce/2014-10/28/content_
    2771946. htm，2023 年 5 月 10 日。

[40]《高举中国特色社会主义伟大旗帜，为全面建设社会主义现代化国家而团结
    奋斗》，载中华人民共和国中央人民政府官网：https：//www. gov. cn/xinwen/
    2022-10/25/content_5721685. htm，2023 年 4 月 17 日。

后　记

本拙著的付梓出版，亦可算作对本人多年从事法理学课程教学的一种经验性与阶段性的凝练与总结。或曰之，除其作为学术成果的评价性价值外，还有一份对于过往工作小小的交代性价值。这种交代，主要是体现在内容上，基本是以上课 PPT 与讲授内容等为基础扩充而来；同时，在具体写作过程中，又结合了自己在回忆过程中的种种反思，并略有一定的阐发与创新。

我与法理学(Philosophy of law)及其背后母体学科哲学(Philosophy)之间的缘分，或许是由来已久。无论是童年时期对于浩瀚宇宙秩序背后神秘决定力量的探索兴趣，还是小学、中学阶段，对字词符号与其对应事物之间相互关系产生的恒久疑问——为何该事物必须要以此种音、形来示人，而非其他等。殊不知，这种在无意识中所触及的"形而上学之源端"及索绪尔之"能指-所指"的结构主义理论等诸项内容，实际上业已体现了自己在思维方式上所具有原生天然思辨性的底色。进入法学殿堂后，这一思维模式与致思途径上的惯性，也自然延伸到从自然哲学角度去思考法的构成是什么，以及从形而上学角度去思考法背后的决定力量是什么这两个法理学教学与研究中的核心要义问题上。

但真正开始法理学教学实践后，才发现作为法学专业的中国学生，在大一阶段想要真正入门这一哲学思辨色彩较浓厚的课程，并非易事(其理由参见本书"前言"部分，恕此兹不赘述)。再举一另例来说明：法哲学及其哲学作为西学源头，在思维方式上总是以"现象-本质"的二元论为其根基的。而该二元论，则又是同其从古希腊古罗马时期的多神教信仰传统，到后来的基督教信仰中所暗含的"肉体-灵魂"二元论思想体系，存有更加幽微的文化决定关系。凡此种种，对于长期浸润于一元论与唯物主义文化传统语境下的中国人而言，在认知模式上是略有不习惯的。这种不习惯反映在教学过程中，便是不少学生们会因之对此油然生发出一种"玄学"之感——对于法律现象背后的那个抽象规律，总易流于"道可道，非可道；名可名，非可名"的"恍兮，惚兮"之叹，学习效果也随之打了一定折扣。

所以，在认知活动中的"主体-客体"关系建构中，既然主体在某一给定文化环境中，因由"历史传习"引致"恒变又恒定"的"文化指令"作用，其认知模式业已成为某种先验性的存在。即我们每个人在一定程度上，都是各自所处文化环境塑造的客观产物。那么重新聚焦并对于客体进行再加工，从而使之能够部分满足主体的况味与需要，或许会具有更好的可行性与必要性。具言之，一方面，在横向体系上，着眼于法理学教学研究中较为核心与要义问题，结合初学者的特点，在逻辑上进行了重新编排；另一方面，在纵向论证上，落脚于同日常生活息息相关的相关案例与法律现象，尽量做到通俗易懂与简明扼要。因此之故，便有了本书的孕育与示现。

同时，愿其能为法理学，乃至法学的学习者与研究者们，提供另一知识体系供给层面的向度与参考。而个中未尽与不足之处，亦恳请与感谢学界同仁与广大读者们的批评指正。

余超
2024 年 10 月于武汉养心书斋